Barbara Friehs

Patchwork-Traum(a)

Univ.-Doz. DDr. Barbara Friehs

Patchwork-Traum(a)

Wunsch & Realität neuer Familienkonstellationen

VERLAGSHAUS DER ÄRZTE

Impressum

Nibelungengasse 13, A-1010 Wien
www.aerzteverlagshaus.at

1. Auflage 2017

ISBN 978-3-99052-165-6

Umschlag & Satz: Grafikbüro Lisa Hahsler, 2232 Deutsch-Wagram
Umschlagfoto: https://de.fotolia.com/Ruiponche
Projektbetreuung: Hagen Schaub
Druck & Bindung: Pátria Nyomda Zrt., 1117 Budapest
Printed in Hungary

Aus Gründen der leichteren Lesbarkeit – vor allem in Hinblick auf die Vermeidung einer ausufernden Verwendung von Pronomen – haben wir uns dazu entschlossen, alle geschlechtsbezogenen Wörter nur in eingeschlechtlicher Form – der deutschen Sprache gemäß zumeist die männliche – zu verwenden. Selbstredend gelten alle Bezeichnungen gleichwertig für Frauen.

Das Buch ist primär auf Beziehungen zwischen heterosexuellen Paaren ausgerichtet, da sich Patchwork-Familien hauptsächlich aus solchen zusammensetzen. Selbstverständlich haben die angeführten Schwierigkeiten und Probleme aber auch Gültigkeit für Patchwork-Familien mit homosexuellen Eltern.

Inhalt

Einleitung

Plötzlich sind Sie nicht mehr allein. Sie haben sich verliebt in einen wundervollen Mann. Er ist attraktiv, charmant, intelligent und liebevoll. Ihr Glück scheint grenzenlos zu sein, Sie erleben eine Liebe, die Sie niemals für möglich gehalten hätten. Alles könnte perfekt sein. Gäbe es nicht ständige Erinnerungen an die Vergangenheit, die von Anfang an ein fixer Bestandteil Ihrer gemeinsamen Gegenwart und Zukunft geworden sind. Sie haben sich nämlich in einen Mann verliebt, der bereits Kinder aus einer früheren Beziehung hat. Oder aber sind Sie es selbst, die Kinder in die neue Partnerschaft mitbringt? Vielleicht trifft dies sogar auf Sie beide zu, und plötzlich wurden Sie zu einer Patchwork-Mutter und Ihr neuer Partner findet sich in der Rolle eines Patchwork-Vaters wieder. Entschließen Sie sich auch noch zu gemeinsamen Kindern, sind Sie zudem auch noch deren biologische Eltern. Ihre Söhne oder Töchter aus einer vorangegangenen Beziehung haben nun Patchwork- oder auch Halbgeschwister, und Ihre Patchwork-Kinder können ihrerseits ebenfalls weitere Halb- oder Patchwork-Geschwister haben, nämlich dann, wenn auch deren Mutter eine neue Partnerschaft eingegangen ist. Klingt kompliziert – und ist es auch. Denn in einer solchen Konstellation haben viele Gefühle Platz, die nicht nur positiv sind. Eifersucht, Neid, Hass, Rache, Wut oder Angst, aber auch jene des Ausgeliefertseins und der eigenen Handlungsunfähigkeit kommen leider genauso häufig, wenn nicht öfter vor als die grenzenlose Freude über eine zweite Chance auf Lebensglück. Genau dies beschreibt Ihre eigene Situation? Dann seien Sie herzlich willkommen in der Welt der Patchwork-Familien!

Es ist für alle Beteiligten schwierig, ihren Platz in dieser neuen familiären Konstellation zu finden. Besonders Kinder haben sich ihre Situation nicht ausgesucht. Aber auch alle erwachsenen Beteiligten sind sich selten von Anfang an über die Konsequenzen im Klaren, die die Gründung einer Patchwork-Familie mit sich bringt. Eine oder auch zwei Familien wurden getrennt und sollen nun in veränderten Konstellationen und mit anderen Akteuren ihr zukünftiges Leben in einem neuen familiären Verbund verbringen. Dies ergibt einen Flickenteppich, ein „Patchwork", wie es in der englischen Übersetzung heißt, welches sich in seiner Eigenart und Besonderheit erst fügen und konsolidieren muss. Dies kann gelingen oder auch nicht. Manchmal wird die neue Familie zu einer wundervollen und bereichernden

Erfahrung für alle, manchmal scheitern die Betroffenen erneut. Enttäuschungen sind in so einem Konstrukt vorprogrammiert und aufgrund der vielen, oft schwer beeinflussbaren Variablen vermutlich sogar häufiger als in klassischen Kernfamilien.

Dennoch kann dieses Familienmodell auch gelingen. Rezepte gibt es keine, wohl aber Empfehlungen, wie das neue Miteinander ein konstruktives, positives und glückliches wird. Genau darum geht es in diesem Buch. Anhand von Fallbeispielen, Checklisten und Lösungsvorschlägen sollen Möglichkeiten für die Bewältigung der vielen Problemfelder in Patchwork-Familien aufgezeigt werden. Eben dabei möchte Ihnen dieser Ratgeber helfen. Er soll Ihnen Tipps vermitteln, die es Ihnen leichter machen, Teil einer erfolgreichen, harmonischen und glücklichen Patchwork-Familie zu werden. Mitzuhelfen, Kinder von anderen großzuziehen, kann ein furchteinflößender Gedanke sein, aber auch ein sehr schöner. Wie dies besser gelingen kann, wird ebenso thematisiert wie die Notwendigkeit, eigene Grenzen zu erkennen und zu setzen bzw. die Paarbeziehung bei allen Ansprüchen und Problemen in ihrer Wichtigkeit niemals zu vernachlässigen. Zur Sprache kommen auch Probleme im Umgang mit der Exfrau des Partners, mögliche Schwierigkeiten mit Ihrem Exmann, solche mit alten und neuen Schwiegereltern, Erziehungsprobleme und finanzielle Aspekte, die eine Patchwork-Familie belasten können.

Das Buch richtet sich dabei vor allen Dingen an Frauen. Sie sind es, die durch das Patchwork-Konstrukt zu Patchwork-Müttern werden und somit Partnerin eines „Mannes mit Vergangenheit“ sind. Obwohl das Thema „Patchwork-Familie“ ganz bewusst aus der Perspektive der betroffenen Frau behandelt wird, kommen natürlich auch Aspekte, die speziell Männer und Kinder betreffen, zur Sprache. Auch wenn Patchwork-Familien als Folge des Todes eines Elternteils entstehen können, werden in vorliegendem Buch hauptsächlich Probleme erörtert, die sich nach Trennungen oder Scheidungen ergeben. Viele der angesprochenen Themen haben aber natürlich auch Gültigkeit für die neue Familiengründung nach dem Tod eines Partners bzw. Elternteils.

Dieser Ratgeber erhebt nicht den Anspruch, allgemeingültige Lösungsmuster vorzustellen. Jede Situation ist anders, und daher erfordert jede individuelle Strategien. Dennoch lassen sich auch viele situationsbedingte Gemeinsamkeiten erkennen, die sehr wohl Empfehlungen zulassen. Diese basieren einerseits auf Erkenntnissen der wissenschaftlichen Forschung, andererseits auf Ergebnissen von

Gesprächen mit Paarberatern und nicht zuletzt auf den Erfahrungen der eigenen Beratungspraxis. Im Rahmen der Entstehung dieses Buches wurden zudem Interviews mit 200 Frauen geführt, die in einer Patchwork-Familie leben. Allen, die sich bereit erklärt haben, über ihre Gedanken, Gefühle, Erlebnisse, Ängste und Sorgen zu sprechen, sei an dieser Stelle herzlich gedankt.

Zu wünschen bleibt, dass Ihnen das Buch den einen oder anderen hilfreichen Ratschlag vermitteln kann, um Sie dabei zu unterstützen, Ihre Patchwork-Familie zu einer glücklichen und erfolgreichen zu machen. Vielleicht hilft es auch ein wenig zu wissen, dass Sie nicht allein mit Ihren Problemen sind, sondern es Tausenden Frauen ähnlich geht. In vielen der Fallstudien werden Sie sich möglicherweise wiedererkennen und hoffentlich den einen oder anderen wertvollen Tipp finden. Ziel ist es, Ihnen dabei zu helfen, Stolpersteine, die durch die Konstellation einer Patchwork-Familie auftreten können, zu erkennen und mögliche Probleme zu bewältigen. Dabei wird immer versucht, den Weg des Miteinanders, des Gesprächs und des Verständnisses für die Position der anderen Seite zu empfehlen.

Dennoch sei darauf hingewiesen, dass dieser Ratgeber bei besonders schwerwiegenden Problemen persönliche professionelle Beratung oder auch eine Therapie, in der gezielt auf die einzelnen Bereiche eingegangen wird, die Ihre Situation so besonders machen, nicht ersetzen kann. In einem solchen Fall sollten Sie nicht zögern, entsprechende Hilfe in Anspruch zu nehmen. Viele Berater und Therapeuten haben sich auf die Besonderheiten von Patchwork-Familien spezialisiert und können bei der Bewältigung der einen oder anderen Schwierigkeit hilfreich zur Seite stehen.

Was ist eine Patchwork-Familie?

Begriffsbestimmung

Lange war im deutschen Sprachraum der Begriff „Stieffamilie" vorherrschend. Durch die eifrigen Recherchen und Publikationen der Gebrüder Grimm und anderer Autoren längst vergangener Epochen hat diese Benennung einer Familie jedoch bis heute ihren negativen Beigeschmack nicht verloren. Besonders die Figur der Stiefmutter war in den Jahrhunderten zuvor mit allerlei bedenklichen Konnotationen behaftet. Sie wurde als böse, egoistisch, machtgierig und verbrecherisch dargestellt.

Nicht zuletzt deshalb löst daher im deutschsprachigen Raum der Begriff „Patchwork-Familie" schon seit geraumer Zeit zunehmend die Bezeichnung „Stieffamilie" ab. Auch in diesem Buch wird der Benennung „Patchwork" gegenüber „Stief" der Vorzug gegeben, selbst wenn bis heute das Präfix „Stief-" als korrekte rechtliche Bezeichnung für solche Familienformen und deren -mitglieder unverändert weiter besteht. Der Begriff „Patchwork" ist wesentlich unbelasteter und positiver besetzt. Er weckt Assoziationen mit Buntem, Fröhlichem, Gemeinsamem. Und dies passt auch viel besser für eine Familienform, die in nicht allzu ferner Zukunft die vorherrschende in der westlichen Welt sein wird. „Patchwork" klingt moderner und ist befreit von allem, das bei der Vorsilbe „stief", was auf mittelochdeutsch „gestutzt" bzw. „beraubt" bedeutet, unweigerlich mitschwingt[1]. Der Begriff stammt

---

1 Krähenbühl, Jellouschek, Kohaus-Jellouschek und Weber (2011, 25) geben einen guten Überblick über die Entstehung der Bezeichnung im Zusammenhang mit Stieffamilien:

„Die Vorsilbe ‚Stief'- und ihre sprachgeschichtlichen Vorgänger kommen im germanischen Sprachgebiet zunächst nur als Präfix in Verbindung mit Verwandtschaftsbezeichnungen (Vater, Mutter, Bruder, Schwester, Kind) vor. Im Mittelhochdeutschen erscheint die Vorsilbe in Zusammensetzungen wie „stiefbruoder", „stiefkint", „stiefmuoter". Im Althochdeutschen lautet die Vorsilbe „stiof". Im angelsächsischen Sprachraum geht die heutige Form „step" auf die frühere Bezeichnung „steop" zurück. In verschiedenen sprachgeschichtlich frühen Wendungen wird ihre ursprüngliche Bedeutung „beraubt", „verwaist", eigentlich „abgestumpft" erkennbar. Ein „steopbarn" oder „steopchild" ist ein elternloses, verwaistes Kind. Im Besonderen wurde die Vorsilbe zur Bezeichnung von Verwandtschaftsverhältnissen verwendet, die nach dem Tod eines Elternteils durch Wiederverheiratung des lebenden Elternteils entstanden. Dabei wird häufig der abwertende Beisinn des lieblos, hart, ungerecht Behandelnden beziehungsweise Behandelten, bei übertragener Verwendung auch mit Verallgemeinerung des Falschen, Bösen, dem rechten Entgegengesetzten überhaupt erkennbar."

Bonus-Familie, Co-Familie oder Zweit-Familie konnten sich als Bezeichnung für eine Patchwork-Familie im deutschsprachigen Raum nicht wirklich durchsetzen.

aus dem Englischen und bezeichnet eine verschiedenfarbige Decke, die aus vielen verschiedenen Flicken zusammengesetzt ist, im Ergebnis wunderschön aussieht und alle Funktionen einer Decke perfekt erfüllt. Dies soll als Symbol für eine neue Familie dienen, die auch bunt zusammengewürfelt ist, sich aber dennoch als Einheit versteht.

Es gab sie schon immer

Patchwork-Familien sind keineswegs eine Besonderheit unserer Tage, sondern es gab sie immer schon – in jeder denkbaren Konstellation. Die Sterblichkeit von Müttern während oder nach der Geburt ihrer Kinder war aufgrund der hygienischen Zustände noch bis ins 19. Jahrhundert hinein in Europa sehr hoch, und Männer heirateten schnell wieder, nicht zuletzt, um ihre nun halbverwaisten Kinder versorgt zu wissen. Andererseits forderten kriegerische Auseinandersetzungen oft hohe Verluste an Männern, weshalb Frauen mit ihren Kindern häufig mittellos zurückblieben und eine weitere Eheschließung die einzige Möglichkeit der existentiellen Absicherung der vaterlosen Familie war. Auch gegen Ende des 2. Weltkrieges lebten mehr Kinder in einer Patchwork-Familie als heute. Die Ursachen für die Entstehung neuer Familien sind aber heute andere als früher. In der heutigen Zeit sind es viel häufiger bewusste Entscheidungen aufgrund persönlicher Befindlichkeiten, die zur Auflösung einer Partnerschaft führen, während in vergangenen Tagen äußerliche Lebensumstände Ehen frühzeitig beendeten. Während früher Patchwork-Familien durch den Tod eines Elternteils und der Wiederverheiratung des überlebenden entstanden, formieren sie sich heute in erster Linie als Folge von Scheidungen oder des Auseinandergehens von Lebensgemeinschaften. Der andere Elternteil überlebt in den meisten Fällen und bleibt im Leben des Kindes und auch in jenem der neuen Patchwork-Familie mehr oder weniger präsent.

Wer gehört zur Patchwork-Familie?

Unter Patchwork-Familien werden heute solche verstanden, in denen zwei erwachsene Menschen zusammenleben, von denen zumindest einer ein Kind aus einer vorherigen Beziehung hat. Somit ist zumindest ein Partner auch Patchwork-Elternteil. Ein biologischer Elternteil lebt nicht mehr im ursprünglichen Familienverband, dennoch bleibt er für die Dynamik der Patchwork-Familie weiter von wesentlicher Bedeutung. Ob Patchwork-Familien denselben Wohnsitz haben, irgendwelche der Betroffenen jemals verheiratet waren, nun mit ihren neuen Partnern verheiratet sind oder in nichtehelichen Lebensgemeinschaften leben oder lebten, spielt dabei keine Rolle, da die Konsequenzen mit wenigen Ausnahmen, die besonders rechtliche Belange betreffen, äußerst ähnlich sind.

Eine Patchwork-Familie kann sich ganz unterschiedlich zusammensetzen. Die seltenste Form dieser Familienvariante ist, wenn ein Vater die Obsorge für die Kinder erhält und die neue Partnerin, mit oder ohne eigene Kinder, nun Teil dieser Familie wird. Eine wesentlich häufiger zu beobachtende Version besteht aus einer Mutter mit ihren biologischen Kindern und dem neuen Partner. Gehören nun mehrere Mitglieder dem neuen familiären Konstrukt an, entstehen noch diffizilere Familienformen. Die Kinder sind nämlich auch Teil der neuen Familie ihres biologischen Vaters. Außerdem besteht die Möglichkeit, dass der neue Partner ihrer Mutter selbst Vater von biologischen Kindern ist und diese im familiären Verbund mit ihm, der Patchwork-Mutter und den Patchwork-Geschwistern leben. Die Patchwork-Geschwister können ihren Vater aber auch nur regelmäßig, meist an Wochenenden, im neuen Haushalt besuchen und ihren Lebensmittelpunkt bei der biologischen Mutter und – falls vorhanden – deren neuem Partner haben. Die betroffenen Kinder leben dann in zwei Haushalten und sehen sich als Angehörige zweier Familiensysteme, die sehr unterschiedlich strukturiert sein können, da nur in seltenen Fällen der Kontakt zum anderen Elternteil abgebrochen ist. Eine besondere Erweiterung der Familienkonstellation entsteht außerdem dann, wenn die Partner einer Patchwork-Familie auch noch miteinander Nachwuchs haben. Um vieles komplizierter wird es noch, wenn auch Patchwork-Familien wieder auseinandergehen und die ehemaligen Patchwork-Eltern abermals neue Beziehungen eingehen. Dies zeigt, dass es das klassische Patchwork-Familienmodell nicht gibt, sondern viele verschiedene Varianten möglich sind. Was ihnen allen gemeinsam ist, ist die Tatsache, dass sie ganz spezielle Herausforderungen zu meistern haben.

Der getrennt lebende Elternteil als Teil der Patchwork-Familie

Ein wesentlicher Faktor in Patchwork-Familien ist der getrennt lebende Elternteil. Dessen Rolle im System der Patchwork-Familie verursacht oft Unklarheiten und ist schwierig zu definieren. Zweifellos bleibt der ehemalige Partner als getrennt lebender Elternteil stets ein Teil des Gesamtsystems und auf vielfältige Weise präsent. Die gemeinsame Elternschaft verhindert eine vollständige Trennung. Zum einen besteht im Regelfall ein juristisch geregeltes Umgangsrecht mit den Kindern, was sowohl persönlichen als auch z.B. telefonischen Kontakt bedingt. Zum anderen wirkt der getrennt lebende Elternteil indirekt über seine Kinder auf die Patchwork-Familie ein. Diese sprechen häufig über ihn, vermissen ihn an Besuchswochenenden und sehen ihm vielleicht sehr ähnlich. Auch die Mimik und Gestik des Kindes oder seine Art, sich zu äußern, erinnern möglicherweise an ihn. Oft wird versucht, den getrennt lebenden Elternteil ganz bewusst von der Patchwork-Familie auszugrenzen. Er wird als Störfaktor betrachtet, der dem neuen Glück irgendwie im Wege steht, da er an die Vergangenheit erinnert. Schließlich gab es ja schon zuvor eine Familie, die allerdings in ihren Hoffnungen, Wünschen und Sehnsüchten gescheitert ist. Dass eine solche Haltung den betroffenen Kindern massiv schaden kann, liegt auf der Hand. Auch wenn es bisweilen nicht einfach ist, kommt die Patchwork-Familie letztendlich nicht umhin, auch dem getrennt lebenden Elternteil einen Platz in der neuen Familie einzuräumen, da er für die Kinder eine ganz wichtige Funktion erfüllt.

Was macht Patchwork-Familien so besonders?

Scheidungs- und Trennungsraten bei Lebensgemeinschaften sind in den westlichen Industrienationen im Steigen begriffen. Nach dem Scheitern von Beziehungen erfolgt häufig das Eingehen neuer Ehen oder Lebensgemeinschaften. In Österreich handelt es sich mittlerweile bei über 10 Prozent aller Haushalte mit minderjährigen Kindern um Patchwork-Familien und in Deutschland sind es sogar 13 Prozent. Damit ist diese Familienform nach der klassischen Kernfamilie und der Familie mit einem alleinerziehenden Elternteil die dritthäufigste im deutschsprachigen Raum.

Die Formierung eines neuen familiären Verbundes kostet viel Kraft und Energie. Auf dem Weg zu einer erfolgreichen und glücklichen Patchwork-Familie sind gewaltige Hürden zu überwinden und viele Hindernisse zu bewältigen. Dabei gibt es wenige Vorbilder und kaum Unterstützung, zumal diese Familienform noch wenig erforscht ist und auch die Gesellschaft noch keine verlässlichen Handlungs- und Verhaltensmuster parat hat. Durch die Gründung von Patchwork-Familien wird allen Betroffenen die Übernahme neuer Rollen abverlangt, für die Modelle oder gar vorgefertigte Verhaltensrepertoires völlig fehlen. Daher fordert die spezielle Situation von Patchwork-Familien täglich viel Kreativität, Flexibilität, Einfühlungsvermögen und Verständnis ein, wobei streckenweise nur ein Learning by Doing möglich ist, um das neue Lebensprojekt bestmöglich zu meistern.

Nach außen hin unterscheiden sich Kern- und Patchwork-Familien ja nicht wirklich voneinander. Erst bei genauerer Betrachtung lassen sich viele Unterschiede ausmachen. So haben Patchwork-Familien Trennungs- und Verlusterfahrungen zu bewältigen, das Gefühl des Scheiterns aufzuarbeiten, eine gemeinsame Phase der Konsolidierung in der neuen Familie zu durchlaufen und eine ihr eigene Identität zu entwickeln. Bei Kernfamilien gibt es immer zuerst eine mehr oder weniger lange Phase der Zweisamkeit von Partnern. Das Paar hat Zeit, sich zu Beginn einmal ohne Kinder kennen zu lernen, Werte, Vorstellungen und Ideen abzugleichen und sich auf ein Beziehungsprozedere zu einigen, welches für beide passt. Dieses muss dann bei der Geburt des ersten Kindes umgestellt werden, was aber wiederum allein in der Verantwortung und auch Gestaltungsfreiheit der beiden Elternteile liegt. Es ist das gemeinsame Kind, zu dem beide eine natürliche Bindung aufbauen. Dies fehlt im Patchwork-Konstrukt, da von vorneherein zumindest ein Kind zur Familie gehört, das nur mit einem Partner biologisch verbunden ist.

Kinder von Patchwork-Familien gehören mehreren Familienverbünden an. Sie leben entweder immer nur in einer ihrer Familie, zeitweise mit ihr oder halten sich für gewöhnlich beim anderen Elternteil auf und kommen nur zu bestimmten Zeiten für einen klar vereinbarten Zeitraum zu Besuch. Oft liegen die Obsorge und Erziehungsverantwortung gar nicht bei den Erwachsenen in der Patchwork-Familie, sondern bei den anderen Elternteilen der Kinder. Zwischen Eltern und ihren biologischen Kindern besteht seit deren Geburt eine meist enge Bindung, die lange vor der Gründung einer Patchwork-Familie ihren Anfang nahm. Meist gab es vor dieser auch eine Phase, in der ein Elternteil allein mit seinen Kindern lebte. Nicht selten wird die Beziehung zwischen jenem Elternteil, bei dem die Kinder nach einer Trennung leben, und diesen besonders intensiv. Gemeinsam versucht man das Erlebte zu verarbeiten und sich wechselseitig zu stützen. Mit der Gründung einer Patchwork-Familie ändert sich wieder alles, weshalb das Leben im neuen Patchwork-Verband mit den eigenen Kindern und/oder jenen des Partners viel wechselseitiges Verständnis, Toleranz und Einfühlungsvermögen erfordert. Hat der Patchwork-Elternteil bereits selbst Kinder, ergibt sich das Problem, dass die Kinder beider Partner auf einmal Patchwork-Geschwister werden oder bekommen. Neue Personen treten also in das eigene Leben ein, der Lebensraum wird enger und die Kinder müssen ihren Lebensbereich auf einmal teilen – gerade dann, wenn die Wohnverhältnisse vergleichsweise beengt sind. Auch ihre jeweilige Rolle ändert sich gegebenenfalls dadurch. Das bislang älteste Kind wird vielleicht zum Mittleren, die Jüngsten sehen Privilegien gefährdet. Damit müssen Kinder oft erst zurechtzukommen lernen.

Es ist klar bestimmt, wer als Mitglied in einer Kernfamilie gilt. Bei Patchwork-Familien ist das ganz anders. Die Mitgliedschaft wird häufig zugeschrieben und ist eben nicht die Konsequenz einer natürlichen Entwicklung. Alle Mitglieder einer Kernfamilie gehören biologisch und rechtlich ausschließlich dieser an. Patchwork-Familien sind weitaus weniger klar definiert, und die Zugehörigkeit ihrer Mitglieder zu mehreren Familien ist ein wesentliches Merkmal. Wer wo wie dazugehört, ist nicht von vornherein klar und bei vielen Beteiligten eher Aushandlungssache als rechtliche Vorgabe. Patchwork-Eltern haben keine elterlichen Rechte, wohl aber Verpflichtungen gegenüber den Kindern der neuen Partner, und Patchwork-Geschwister sind nicht miteinander verwandt. Patchwork-Kinder haben mehrere Großelternpaare, viele Tanten, Onkel und Cousins. Was Patchwork-Familien allerdings fehlt, sind eine eigene Geschichte, verbindende Traditionen und Rituale sowie eine gewachsene Identität. All dies müssen sie sich erst langsam schaffen – und das unter erschwerten Bedingungen.

Kernfamilien wachsen schrittweise in bestimmte Aufgaben und Anforderungen hinein. Zuerst findet man sich als Paar, dann verständigt man sich über die Erziehung der Kinder. Bei Patchwork-Familien treffen hingegen die Besonderheiten der jeweiligen vorangegangenen familiären Strukturen aufeinander und es gilt nun, daraus eine für alle Beteiligten akzeptable Lebensform zu entwickeln. Dasselbe gilt für die Identität dieser neuen Familie. So verwundert nicht, dass zu Beginn der Zusammenhalt einer Patchwork-Familie viel geringer ist als jener einer Kernfamilie und sich das familiäre Band erst langsam festigt. Patchwork-Familien sind durch ihnen eigene Charakteristiken und Komplexitäten gekennzeichnet. Menschen mit den unterschiedlichsten Vorstellungen, Erwartungen, Wünschen und Bedürfnissen treffen aufeinander und sind plötzlich vor die Aufgabe gestellt, eine Familie zu bilden und gemeinsam zu leben. Dass dies mit den vielfältigsten Komplikationen verbunden sein kann, überrascht nicht. Ganz im Gegenteil.

Haben Patchwork-Eltern neben den Kindern ihrer Partner auch noch gemeinsame Kinder, ergeben sich weitere Herausforderungen. Innerhalb der Patchwork-Familie entsteht auf diese Weise eine Kernfamilie, zu der aber nur die Partner und deren gemeinsame Kinder zählen. Die jeweils anderen eigenen Kinder sind nur Mitglieder der Patchwork-Familie. Das kann absolut ohne Bedeutung für die Lebensrealität der neuen Familie bleiben und eine irrelevante Zuordnung sein. Allerdings besteht durchaus auch die Möglichkeit, dass genau diese Situation einer bestimmten Zugehörigkeit oder ein Fehlen derselben bei Kindern Probleme verursachen kann. Während nämlich das neue gemeinsame Kind die beiden Patchwork-Elternteile direkt miteinander verbindet, schafft es auch ein Subsystem, welchem Halb- und Patchwork-Geschwister nicht angehören, sondern nur seine beiden Eltern und mögliche weitere Kinder, die diese gemeinsam haben. Die anderen Kinder, die auch in der Familie leben oder nur regelmäßig zu Besuch kommen, können sich leicht in eine Außenseiterposition bzw. an den Rand gedrängt sehen.

Patchwork-Familien wurden lange als „minderwertiges Modell“ im Vergleich zu den Kernfamilien angesehen. Man betrachtete sie als problematischer und krisenanfälliger als die als ideal erachtete Kernfamilie. Schließlich entsprachen sie nicht der gesellschaftlichen Norm, sondern wichen in vieler Hinsicht davon ab. Jetzt, wo Patchwork-Familien immer häufiger vorzufinden sind, ist auch deren Akzeptanz gestiegen, obwohl ihre Mitglieder nach wie mit einem gewissen Argwohn betrachtet werden. Wenn man bedenkt, wie hoch Scheidungs- und Trennungsraten unter Lebensgefährten sind, ist es eine bedenkliche Entwicklung, wenn sich Patchwork-Familien nach wie vor stigmatisiert fühlen. Sie sind bisweilen noch immer Sinnbild für das Scheitern von Menschen, das Leid von unschuldigen Kindern und den vermeintlichen Egoismus von Erwachsenen. Lehrer und Lehrerinnen etwa kennen bei den ersten schulischen Problemen eines Kindes oder Jugendlichen sofort mögliche Ursachen: „Ist ja kein Wunder, bei diesen Familienverhältnissen ...“ Deshalb versuchen viele Betroffene nach wie vor nach außen hin den Eindruck einer „ganz normalen Kernfamilie“ zu erwecken, indem sie die Patchwork-Komponente, wenn irgendwie möglich, verschweigen, vertuschen oder in ihrer Existenz ganz verleugnen.

Viele Patchwork-Familien fühlen sich unter großen sozialen Druck gesetzt und haben Angst, Fehler zu machen. Besonders wirksam scheint sich das Klischee von der „bösen Stiefmutter“ zu halten. Die Märchensammlung der Gebrüder Grimm gibt schließlich nachweislichen Aufschluss darüber, wie unbarmherzig, grausam und unmenschlich Stiefmütter sein können. Sie werden als böse, hinterhältige Monster dargestellt, die ihre Stiefkinder hassen, verstoßen und aussetzen. Sogar vor Mord schrecken sie nicht zurück. Die Grausamkeit von Stiefmüttern vergangener

Tage, als in vielen Regionen Europas immer wieder Hunger herrschte und Ressourcen knapp waren, ist ein belegtes Faktum. Die Kinder des Mannes aus früheren Beziehungen waren ein weiterer Kostenfaktor für die neue Familie und gefährdeten das Fortkommen der Stiefmutter und deren Nachwuchs. In solchen Überlebenskämpfen wurden die eigenen Kinder zulasten der Stiefkinder bevorzugt. Aus wohlhabenderen Regionen, wo die Existenzen von Familien eher gesichert und die innerfamiliären Verteilungskämpfe seltener waren, liegen wesentlich weniger Berichte über „böse" Stiefmütter vor.

Existenziell sind heute zumindest in unseren Breiten alle Kinder weitgehend abgesichert. Dies erfordern schon gesetzliche Bestimmungen. Aber auch wenn die Märchen eine längst vergangene Epoche beschreiben, wecken sie auch in der heutigen Zeit noch unsere Emotionen. Das Rollenbild der Patchwork-Mutter ist nach wie vor ein vages und verschwommenes, und noch immer halten sich in der Gesellschaft klischeebehaftete Vorurteile. Nach wie vor erwecken Kinder, die bei „Stiefmüttern" aufwachsen müssen, unser Mitleid, da man bisweilen noch immer davon ausgeht, dass diese von ihnen „stiefmütterlich" behandelt werden. Viele betroffene Frauen sehen sich daher oft unter dem Zwang, allen, auch sich selbst gegenüber, zu beweisen, dass sie eben nicht dem schrecklichen Bild der Stiefmutter aus dem Märchen entsprechen, sondern das Kind ihres Partners mögen und auch bereit sind, es nach bestem Wissen und Gewissen zu betreuen und zu versorgen.

Was macht Patchwork-Familien „anders"?

Es gibt (lange) keine gemeinsame Geschichte

Zwei Familien kommen zusammen, die bis dahin vollkommen getrennte Leben führten. Nun sollen diese miteinander verbunden werden und eine neue, gemeinsame familiäre Identität entwickeln.

Einer Patchwork-Familie geht das Scheitern einer anderen voraus

Gegenwart und Vergangenheit sind in einer Patchwork-Familie eng miteinander verknüpft – und bleiben es auch. Daher gibt es ständig Einflüsse und Auswirkungen aus dem ehemaligen Leben der Partner und deren Kinder, die das Leben in der neuen Familie positiv, aber auch negativ mitgestalten.

Rechtliche Bestimmungen und Patchwork-Realität sind nicht stimmig

Der deutsche ebenso wie der österreichische Gesetzgeber behandelt Patchwork-Eltern eher „stiefmütterlich". Fast scheint es, als wäre er noch nicht bereit, das reale Leben in einer solchen familiären Konstellation auch entsprechend zu schützen und zu regeln. Patchwork-Väter und -Mütter haben bis heute kaum Rechte, wenn es um die Kinder ihrer Partner geht.

Einige Mitglieder von Patchwork-Familien haben meist mehrere Wohnsitze

Selten leben alle Kinder von Patchwork-Paaren gemeinsam mit ihren Elternteilen unter einem Dach. Viele Kinder wohnen beim jeweils anderen biologischen Elternteil. Dann kommen sie nur in mehr oder weniger regelmäßigen Abständen zu Besuch und haben somit zwei Wohnorte.

Kinder gehören mehreren Familien an

Ein biologischer Elternteil lebt nicht im gemeinsamen Haushalt der Patchwork-Familie. Dies bedeutet für die Kinder, dass sie nun auch mehreren Familien angehören, nämlich der neuen der biologischen Mutter und jener des biologischen Vaters. Eine solche Situation bringt auch neue Bezugspersonen ins Leben eines Kindes, kann aber auch viel Konfliktpotential in sich bergen.

Eine Patchwork-Familie hat mehr Mitglieder als klassische Kernfamilien

Bei Gründung einer Patchwork-Familie kommen oft zwei bereits bestehende Familien zusammen. Zumindest aus der Perspektive der Kinder bleiben einerseits die Herkunftsfamilien ihrer beiden biologischen Eltern ein wichtiger Teil ihrer Familie, andererseits kommen durch den Patchwork-Elternteil neue Geschwister, Großeltern, Tanten, Onkel, Cousins und Cousinen hinzu. Außerdem besteht die Möglichkeit, dass es noch Halbgeschwister gibt.

Wann ist man bereit für die Gründung einer neuen Familie?

Wie viel Zeit man nun selbst tatsächlich benötigt, um eine Trennung zu bewältigen, lässt sich nie genau vorhersagen. Jeder Mensch ist anders und jede Trennung auch. Die emotionale Lösung von einem einst geliebten Menschen kann sich schlimmstenfalls über mehrere Jahre erstrecken. Es ist sogar sehr wahrscheinlich, dass ein und dieselbe Person Trennungen von unterschiedlichen Partnern nicht identisch erlebt. Die Bindungsintensität, die Erziehung, die Lebenserfahrung, die Lebensumstände, die Lebenspläne mit dem Ex-Partner und die Lebensphase, in der man sich gerade befindet, sind von wesentlicher Bedeutung für die Verarbeitung eines Trennungserlebnisses. Inwiefern die Dauer einer Beziehung die Zeit, die für die Bewältigung benötigt wird, beeinflusst, ist nicht ganz geklärt. Man geht davon aus, dass bei sehr kurzen und sehr langen Beziehungen eine Trennung eine geringere Belastung darstellt. Bei sehr kurzen Partnerschaften konnte noch keine allzu tiefe Bindung aufgebaut werden, und in einer sehr langen Beziehung gab es unter Umständen schon über einen längeren Zeitraum einen hohen Grad an Unzufriedenheit und Negativität. War die Beziehung bereits geprägt von Konflikten und mangelnder wechselseitiger Achtung, wird eine Trennung natürlich oft viel positiver gesehen als in dem Fall, da sie völlig unerwartet hereinbrach.

Die Umstände, unter denen eine Trennung erfolgt, beeinflussen ebenfalls ihre Bewältigung. Werden in der Trennungsphase viele bösartige Dinge ausgesprochen, Beleidigungen geäußert und Demütigungen erlebt, entstehen auch viele negative Gefühle, die belasten. Schließlich wird auf diese Weise die gemeinsam verbrachte Zeit abgewertet und die Beziehung in ihrer Gesamtheit mit allen positiven und negativen Facetten verkannt.

Die verschiedenen Verlusterlebnisse

Mit dem Verlust Ihres Ex-Partners sind Ihnen nicht nur ein Vertrauter und Kamerad abhandengekommen, sondern auch gemeinsame Erfahrungen, Unterstützung in finanzieller, intellektueller, sozialer und emotionaler Art und dazu noch Hoffnungen, Pläne und Träume. Diese Verluste können sehr schmerzhaft sein. Grundsätzlich gibt es zwei Arten von Verlusten: die konkreten und die abstrakten. Konkrete Verluste sind messbar, wie der Verlust des Einkommens oder des Autos. Abstrakte Verluste können nicht quantifiziert werden und umfassen das Abhandenkommen des Selbstwertgefühls, der Zukunftspläne und der Lebensziele.

Durch Ihre Trennung haben Sie wirtschaftliche Verluste erlitten, da nun Ihnen und den Kindern das Einkommen Ihres Ex nicht mehr wie früher zur Verfügung steht und Sie vielleicht aus dem ehemals gemeinsamen Haus ausziehen mussten. Selbst wenn Sie dort verblieben sind, ist nichts mehr, wie es einmal war. Vielleicht büßten Sie auch soziale Kontakte ein, weil einige Ihrer ehemals gemeinsamen Freunde kaum mehr freundschaftliche Beziehungen zu Ihnen pflegen. Hat Ihr Ex das alleinige Sorgerecht, müssen Sie sogar den Verlust des täglichen Kontaktes mit Ihren Kindern betrauern. Möglicherweise sind durch die Trennung auch die Kontakte zur Familie Ihres Ex-Partners abgebrochen. Das könnte vor allen Dingen dann der Fall sein, wenn man in Ihnen die Schuldige am Scheitern der Beziehung des Sohnes sieht. Ihr Ex-Partner war zudem vielleicht lange Ihr engster Vertrauter und Freund und entpuppte sich dann als jemand, der schon über längere Zeit hinweg ein Doppelleben führte. Wenn Sie davon ausgingen, dass Ihre Beziehung ein Leben lang andauern würde, wurden Sie nun eines Besseren belehrt. Möglicherweise fällt es Ihnen daher auch schwer, sich in Ihre neue Rolle als Partnerin und Mutter einer Patchwork-Familie einzufinden.

Leiden Sie noch immer am Scheitern Ihres einstigen Lebenstraumes, obwohl Sie bereits wieder in einer ernsthaften Lebenspartnerschaft sind, nur weil Ihre vorige Beziehung nicht ein Leben lang gehalten hat? Fühlen Sie sich nach wie vor irgendwie als Versagerin, wenn Sie an Ihre Trennung oder Scheidung denken? Trifft dies auf Sie zu, betrachten Sie dies als normales zeitgemäßes Ereignis und nicht nur als Versagen oder Scheitern. Dann gelingt die Bewältigung auch viel schneller und besser. Sehen Sie daher Ihre gescheiterte Beziehung als abgeschlossene Phase in Ihrem Leben, die nur eine Etappe auf Ihrer Lebensreise war, und nehmen Sie die positiven Aspekte Ihres neuen Lebens an.

Wenn Sie eine neue Beziehung eingegangen sind, ist es ganz wichtig, dass Sie mit Ihrer Vergangenheit im Reinen sind. Immerhin wollen Sie ja Ihre neue Partnerschaft nicht schon von Beginn an mit den mitgeschleppten Problemen aus der nicht verarbeiteten vorherigen Partnerschaft belasten. Dies ist nicht nur Ihrem neuen Partner gegenüber in höchstem Grade unfair, sondern wird auch von Anfang an ein Scheitern dieser Partnerschaft begünstigen.

TIPP!

Also schließen Sie ab mit Ihrer Vergangenheit. Dazu kann es hilfreich sein, die nachfolgenden Denkanstöße zu beachten:

- Eine Trennung oder Scheidung ist ein emotionaler Prozess, der sich über einen längeren Zeitraum hinzieht und nicht von vornherein ein Enddatum ausweist. Der Scheidungsvergleich oder das Scheidungsurteil ist nur ein Punkt im Scheidungs- bzw. Trennungsprozess, den es in seiner Gesamtheit zu bewältigen gilt. Sie müssen ihn in Ihrer eigenen Geschwindigkeit durchschreiten und haben ihn erst abgeschlossen, wenn Sie sich als eigenständige Person wohlfühlen, nicht mehr als Teil des einstigen Paares sehen und auch nicht mehr wehmütig oder voll Zorn in die Vergangenheit blicken. Schließen Sie daher ab und werden Sie für eine neue Liebe emotional verfügbar, denn Ihr neuer Partner hat es nicht verdient, nur als Ersatzprogramm zu fungieren.

- Lösen Sie noch ausständige Angelegenheiten in Ruhe und ohne Ihre neue Familie allzu sehr damit zu belasten. Selbst wenn Sie mit Ihrem Ex noch über die Vermögensaufteilung streiten oder die Besuchsregelung nicht wirklich zufriedenstellend ist, behalten Sie die Nerven.

- Wenn Sie es bislang noch nicht getan haben, beginnen Sie endlich mit der aktiven Aufarbeitung Ihrer alten Beziehung. Analysieren Sie Ihre Anteile am Scheitern. Nur so können Sie verhindern, dass Sie die negativen Muster in die neue Beziehung hineintragen und bald wieder alleine dastehen.

- Verabschieden Sie sich von der Vorstellung, dass Sie einfach Pech mit Ihrem Ex-Partner hatten und Ihnen mit dem Neuen das Glück winkt. Glück und Pech haben damit nicht viel zu tun. Es geht darum, die alten Wunden zu heilen und aus der gescheiterten Beziehung zu lernen. Durchlaufen Sie einen Reifungsprozess und beenden Sie die Trauerphase als gestärkter, selbstbewusster Mensch, der bereit ist, am Gelingen seiner nächsten Beziehung bewusst und aktiv zu arbeiten.

- Sie haben nicht versagt. Trennungen und Scheidungen sind heute allgegenwärtig, auch wenn es für den einzelnen ein traumatisches Ereignis ist. Betrachten Sie die Lebensphase, die Sie in Ihrer Beziehung verbracht haben, auch als Lernprozess. Selbstmitleid und Hoffnungslosigkeit haben ihren temporären Platz, allerdings müssen sie überwunden werden, damit Sie sich wieder all den positiven Bereichen öffnen können, die Ihnen das Leben wieder bietet.
- Es ist in Ordnung, Fehler zu machen, wenn Sie bereit sind, daraus positive Lehren zu ziehen. Fragen Sie sich, welche Fehler Sie genau gemacht haben und wie Sie diese in Zukunft in einer neuen Beziehung vermeiden können. Was werden Sie besser machen? Wo können Sie an Ihrer Persönlichkeit arbeiten, um gewisse Verhaltensweisen, die sich als schlecht für den Beziehungsverlauf erwiesen haben, nicht mehr zu wiederholen? Fragen Sie sich, wie Sie in Zukunft mit Beziehungsproblemen umgehen werden, damit diese gut gelöst werden können.
- Sind Sie dankbar, dass Ihnen das Schicksal eine neue Chance auf Glück bescherte. Nehmen Sie diese an. Bedenken Sie aber auch, dass keine andere Person der Welt, auch nicht Ihr neuer Partner, für Ihr Glück verantwortlich ist. Das sind ganz alleine Sie.
- Am besten gelingen Beziehungen, wenn zwei Personen bereits als Individuen glücklich sind und weiteres Glück durch die Beziehung mit einem anderen Menschen erfahren, indem sie ihre Hoffnungen, Träume, Erfolge, aber auch negativen Erfahrungen und Krisen in einer liebevollen Form miteinander leben. Wenn Sie sich allerdings leer und unglücklich fühlen und sich weigern anzuerkennen, dass Sie selbst daran arbeiten müssen, Ihr Leben zu einem gelungenen und glücklichen zu machen, um es dann mit einem anderen teilen zu können, werden Sie niemals ein gemeinsames Glück finden können.
- Trennen Sie Vergangenheit und Gegenwart und leben Sie in letzterer. Hören Sie auf, Dinge noch immer so zu sehen, wie Sie waren oder sein sollten, sondern akzeptieren Sie ganz einfach, wie diese jetzt sind.

- Veränderungen können auch viel Gutes beinhalten. Beide Partner entwickeln sich weiter und Prioritäten verändern sich. Auch die Liebe zueinander wird eine andere. Die Verliebt heit der ersten Zeit weicht einer tiefen Liebe, in der die Sorge füreinander und die partnerschaftlichen Aspekte immer wichtiger werden. Dies erfordert natürlich auch ein ständig neues Einstellen auf- und Abgleichen miteinander, Akzeptanz und einen hohen Grad an Kompromissbereitschaft. Eine Beziehung kann gelingen, wenn Sie beide das Beste füreinander und voneinander wollen. Ihre neue Herausforderung besteht nun darin, dass Sie alles daran setzen müssen, Ihre neue Partnerschaft zu jener dauerhaften Liebesbeziehung zu machen, die Sie immer wollten. Nun haben Sie die Chance darauf. Machen Sie das Beste daraus.

Nach einer Enttäuschung tendiert man oft zur Überzeugung, dass auch die neue Beziehung scheitern wird, und sucht ständig nach Signalen, die eine solche Vermutung bestätigen. Die Gründe für das Scheitern der früheren Partnerschaft sind ebenso ständig präsent wie Verhaltensmuster des Ex-Partners, die man auch im neuen Mann zu erkennen glaubt. Geben Sie der neuen Beziehung jedoch eine unbelastete Chance. Nur das Bewusstsein, dass jede Beziehung einzigartig ist und auch einen einzigartigen Verlauf nimmt, können Sie davor schützen, ihr Ende praktisch schon von Anfang an „einzukalkulieren". Selbsterfüllende Prophezeiungen tun ihr Übriges. Wenn Sie eine Beziehung mit einer negativen Grundhaltung leben, wird sie vermutlich wirklich scheitern. Sie hätten also Recht gehabt, denn nun stehen Sie abermals vor einer Trennung.

Andererseits können Sie auch die Tendenz haben, sich Ihrem neuen Partner zu stark anzupassen, ja sich sogar ihm und seinen Wünschen komplett unterzuordnen. Sie äußern keine Bedürfnisse, reduzieren komplett Ihre Ansprüche an ihn und sind dankbar, dass es überhaupt einen Mann in Ihrem Leben gibt. Ihre eigenen Wünsche spielen keine Rolle in der neuen Beziehung. Ihre Hauptangst ist es nämlich, dass auch diese scheitern könnte. Und das wollen Sie um jeden Preis vermeiden. Hören Sie auf, sich den Wünschen des Partners vollständig zu fügen. Sie können durchaus Kritik üben. Entscheidend ist der Ton, mit dem Sie vorbringen, was Sie stört und Ihnen nicht passt. Heißen Sie sein Verhalten nicht für gut, indem Sie schweigen. Ihr Partner kann sein Verhalten nicht modifizieren, wenn er nicht einmal weiß, was er verändern soll. Denn eines ist sicher: Auf Dauer werden Sie in einer Beziehungskonstellation niemals glücklich werden, in der kein Platz ist für Ihre eigenen Wünsche und Bedürfnisse.

All dies gilt natürlich auch für Ihren neuen Partner!

Vergeben Sie Ihrem Ex-Partner

Der Akt des Verzeihens ist vermutlich der schwierigste im ganzen Trennungsprozess. Er benötigt Zeit und hat mehr Aussicht auf Erfolg, wenn er in kleinen Schritten erfolgt. Sie sehen sich in Ihrer gescheiterten Beziehung und wollen Gerechtigkeit. Stattdessen müssen Sie lernen, mit Ihrer Wut und Ihrem Zorn umzugehen. Sind Sie dankbar für Ihren Neuanfang und lassen Sie endlich los!

Sehen Sie im Augenblick keine Chance, um Ihrem Ex-Partner vergeben zu können und wünschen Sie ihm alles erdenklich Schlechte, obwohl sie eigentlich wieder in einer glücklichen Beziehung leben? Dann denken Sie daran, was wäre, wenn Sie ihm vergeben würden. Könnten Sie dann endlich unbeschwert sein, Ihr neues Glück total genießen und sich Ihres Lebens erfreuen? Wäre Ihr Dasein nicht ein viel schöneres und erfüllenderes? Was würde passieren, wenn Ihre Bitterkeit ein Ende fände? Was, wenn Ihre Ressentiments nicht mehr existierten?

Nach und nach werden Sie erkennen, dass es ausschließlich in Ihrem eigenen Interesse ist, ihm zu vergeben. Sie schaden Ihrem Ex-Partner nicht, wenn Sie weiter Groll gegen ihn hegen, wohl aber Ihrem neuen und Ihrer ganzen neuen Familie. Sie bestrafen ihn auch nicht damit, dass Sie ihm nicht vergeben. Er ist emotional längst weitergezogen und die einzige, auf die Ihr Verhalten negative Auswirkungen hat, sind Sie selbst und Menschen, die Sie lieben. Also ist es in Ihrem ureigenen Interesse, Ihrem Ex-Partner so schnell wie möglich zu vergeben und endlich loszulassen. Nur so werden Sie sich befreien und endlich wieder das Leben leben können, das Sie verdienen. Vergebung ist keine Schwäche, sondern ein Akt der Stärke.

Anita hat mit ihrem Freund Andreas drei Jahre lang zusammengelebt und schon über Heirat und eine gemeinsame Zukunft gesprochen. Dann lernt er eine andere Frau kennen und beendet die Beziehung. Anita fühlt sich in ihren Gefühlen so verletzt und um ihr zukünftiges Leben mit ihm betrogen, dass sie von Hass erfüllt ist. Das ändert sich auch zwei Jahre nach der Trennung nicht wirklich. Noch immer hat sie häufig schlaflose Nächte, oft Magenschmerzen und wiederkehrende Wutfantasien, in denen sie ihrem Ex-Partner und dessen neuer Frau alles erdenklich Schlechte wünscht. Sie schafft es nicht, ihren Liebeskummer zu verarbeiten und ihm zu verzeihen. Auch als sie Markus kennenlernt, der gerne mit ihr eine Patchwork-Familie gründen möchte, ist sie nicht offen für einen Neuanfang. Sie beginnt zwar eine Beziehung mit ihm, ihre ganze Gefühlswelt ist aber nach wie vor hauptsächlich auf Andreas fixiert. Anita ist nicht fähig, eine Beziehung zu Markus Kindern aufzubauen, und auch seine Liebe zu ihr kann sie nicht erwidern. Nach ein paar Monaten beschließt er, alles mit Anita zu beenden. Unter solchen Bedingungen sieht er keine Zukunft mit ihr. Ein zweites Mal wird Anita verlassen.

TIPP!

Vergeben Sie Ihrem Ex-Partner möglichst alles, was er Ihnen angetan hat. Nur so wird es Ihnen gelingen, ein glückliches Leben nach der Trennung zu führen oder Ihr Herz wirklich vollkommen freizumachen für Ihre neue Liebe. Sie können wieder lieben, und zwar genauso intensiv, wie Sie es schon zuvor taten. Wenn es Ihnen aber nicht gelingt, Ihre negativen Gefühle abzulegen, wird es Sie davon abhalten, den Heilungsprozess möglichst schnell und erfolgreich zu beenden. Nun haben Sie neue Ziele, Wünsche und Visionen mit Ihrem neuen Mann. Leben Sie diese!

Der Akt des Vergebens ist kein einmaliges, punktuelles Ereignis, sondern ein längerdauernder Prozess. Stellen Sie sich darauf ein, dass Sie dabei verschiedene Phasen durchlaufen werden und die Bereitschaft zu vergeben nicht immer gleich stark ausgeprägt sein wird. Sie werden Rückschläge in Kauf nehmen müssen, dürfen aber niemals Ihr Endziel aus den Augen verlieren – nämlich Ihrem Ex-Partner für immer zu verzeihen. Erst wenn Sie das erreicht haben, werden Sie sich frei und losgelöst fühlen.

Vergeben bedeutet allerdings nicht, dass Sie zu dem Schluss kommen, dass die schrecklichen Dinge, die Ihnen Ihr Ex-Partner angetan hat, ohnehin irgendwie in Ordnung sind. Das waren sie nämlich nicht und werden es auch niemals sein! Ihr

Vergeben hat damit absolut nichts zu tun. Es geht nur darum, die gemeinsame Vergangenheit mit einer gewissen emotionalen Distanz als eine Zeit Ihres Lebens zu betrachten, in der es schöne und weniger schöne Tage gab, die Rolle des Ex-Partners darin zu akzeptieren und jetzt in Ihrem Leben gemeinsam mit Ihrem neuen Mann weiterzugehen.

Vergebung ist kein Gefühl. Es geht nicht darum zu warten, bis sich diese Emotion einstellt. Vergebung ist ein bewusster Akt, den Sie setzen. Sie entscheiden sich ganz klar dafür, Ihrem Ex-Partner zu verzeihen. Jedes Mal, wenn sich wieder Gefühle der Härte und der Wunsch, nicht verzeihen zu wollen, einstellen, sollten Sie wieder und wieder bewusst die Entscheidung treffen, zu vergeben. Vergessen Sie die Idee, dass Vergebung ein reziproker Akt ist und Sie von den Handlungen Ihres Ex-Partners abhängen, um verzeihen zu können. Das stimmt einfach nicht, sondern zu vergeben ist eine einseitige und persönliche Entscheidung Ihrerseits.

Zu beachten ist auch, dass Vergebung und Versöhnung zwei vollkommen verschiedene Dinge sind. Sie können Ihrem Ex-Partner vergeben, um sich wieder frei und unbelastet zu fühlen. Das bedeutet aber noch lange nicht, dass Sie sich mit ihm auch versöhnen. Wenn Sie vergeben, entlasten Sie sich von einer Bürde, wenn Sie sich versöhnen, entscheiden Sie sich, Ihre Beziehung zu Ihrem Ex-Partner zu erneuern und umzudefinieren. Letztendlich ist die Versöhnung der ideale Zustand, da ungelöste Konflikte in der Beziehung zum Vater Ihrer Kinder Ihr neues Leben in der Patchwork-Familie sehr belasten können. Wenn sich die Ausgestaltung Ihrer Beziehung zum Ex als schwierig erweist, weil Streitereien rund ums Kontaktrecht, den Kindesunterhalt oder die Kindererziehung immer wieder Schatten auf Ihr neues Lebensglück werfen, sollten Sie sich fragen, ob genau diese Konflikte nicht nur eine Fortsetzung früherer Auseinandersetzungen sind. Ihr Ex versucht mit seinem Verhalten, den empfundenen Schmerz zu kompensieren oder Rache zu üben. Suchen Sie das Gespräch mit ihm und trachten Sie beide danach, statt all der Streitigkeiten gemeinsam im Sinne und zum Wohle der Kinder zu handeln und einen Weg zur Versöhnung zu finden. Missbrauchen Sie Ihre Kinder nicht als Mittelsmänner für Ihre Konflikte. Es darf nicht sein, dass diese den anderen Elternteil aushorchen sollen. Hören Sie sich an, was Ihre Kinder Ihnen erzählen wollen, zwingen Sie sie aber niemals, als „Spion" zu fungieren. Ein absolutes No-Go für Sie als Eltern, da sehr gefährlich für die Entwicklung der Kinder, ist es auch, von diesen zu verlangen, dass sie sich zwischen Ihnen beiden entscheiden sollen. Ihre Kinder lieben Sie beide und Sie haben dies zu respektieren!

Sie fangen nie bei null an ...

Die Schatten der Vergangenheit sind allgegenwärtig

Spaziergänge im Mondschein, Strandurlaube am türkisblauen Meer, lauschige Sommernächte in einsamen Almhütten sind all das, was einem so in den Sinn kommt, wenn man an ein verliebtes Paar denkt. Das zu erleben ist allerdings nur jenen Frauen vorbehalten, die unbelastet von familiären Verpflichtungen in eine neue Partnerschaft gehen und dies auch mit einem Mann tun, der ebenfalls ohne „Gepäck" aus längst vergangenen Tagen in ein neues gemeinsames Liebesglück startet. In anderen Fällen, eben auch in Ihrem, gab es schon vor Ihnen eine Beziehung, die Ihr neuer Partner oder Sie führten, und jetzt ist da zumindest ein Kind, welches er mit einer anderen Frau hat oder Sie mit einem anderen Mann haben. Einer von Ihnen hat also ein Vorleben mit Folgen, die unweigerlich Auswirkungen auf Ihre neue Beziehung haben. Kinder spielen in Patchwork-Familienkonstellationen von Anfang an eine entscheidende Rolle, unabhängig davon, wessen Kinder sie sind. Auch wenn sie nicht ständig präsent sind, so drehen sich doch viele Gespräche um sie. Sie bereiten oft Sorgen und drängen sich mit ihren Problemen zwangsläufig in den Mittelpunkt. Patchwork-Eltern haben somit kaum Zeit, um die Phase als Paar ausgiebig und unbeschwert zu genießen, da zumindest einer von beiden bereits beim Kennenlernen in der Elternrolle steckt. Die Kinder fordern berechtigt Zeit und Aufmerksamkeit ihrer Eltern ein, die dann natürlich für Zweisamkeit mit dem neuen Partner fehlen.

Verschließen Sie daher Ihre Augen nie vor den Realitäten, die Ihren neuen Partner umgeben und begleiten. Es ist nämlich nicht nur er, der in Ihr Leben getreten ist, sondern es sind auch noch eine ganze Reihe von anderen Menschen, die er in gewisser Weise in Ihre gemeinsame Beziehung mitbringt. Dies bringt eine eigene Dynamik in Ihre Partnerschaft, mit der Sie vermutlich zu Beginn nicht gerechnet haben. All die Beziehungsgeflechte und familiären Verbindungen seines früheren Lebens lösen sich nämlich nicht einfach in Luft auf, sondern bestehen weiter und nehmen auch auf Ihre Beziehung Einfluss.

TIPP! Versuchen Sie trotzdem, die Geschichte Ihres neuen Partners nicht als Belastung, sondern als Bereicherung zu sehen. Natürlich ist das schwer. Fast jede Frau träumt davon, mit dem Vater ihrer Kinder ein Leben lang glücklich zu sein. In Ihrem Fall erfüllte sich diese Vision eben nicht, was aber nicht bedeutet, dass Sie nicht einen anderen Traum leben können, wenn Sie nur dazu bereit sind.

Ein „gebrauchter" Mann bringt nämlich oft eine Reihe von Eigenschaften mit, die für das Gelingen einer glücklichen Beziehung sehr wertvoll sein können. Er weiß, worauf er sich einlässt, da er zumindest schon einmal in einer längeren, ernsthaften Beziehung gelebt hat. Ihm ist auch vertraut, was es bedeutet, eine feste Bindung einzugehen, und offensichtlich schreckt er nicht davor zurück, sich ein weiteres Mal für eine solche zu entscheiden – mit Ihnen an seiner Seite. Obwohl er bereits die Höhen und Tiefen einer Beziehung kennt, ist er dennoch bereit, es nochmals zu versuchen. Vermutlich hat er auch über seinen eigenen Anteil am Scheitern der vergangenen Beziehung reflektiert und ist bestrebt, gewisse Fehler bei einem neuen Versuch zu vermeiden. Auch seine Qualitäten als Vater können Sie aus erster Hand überprüfen und sich ein gutes Bild davon machen, wie es sein wird, wenn Sie vielleicht selbst einmal ein Kind mit ihm haben. Er ist bereits erprobt als Mann und Vater und konnte sich in der Vergangenheit viel an Wissen über das Leben in und mit einer Familie aneignen, was Ihnen jetzt zugutekommt.

Die Paarbeziehung im Rahmen der Patchwork-Familie

Vor allem in einer Patchwork-Familie ist es von besonderer Bedeutung, der Paarbeziehung den nötigen Raum, aber auch die erforderliche Zeit und Priorität beizumessen. Immerhin ist sie die Basis der Familieneinheit. Gerade weil Patchwork-Mütter in ein bereits etabliertes Familiensystem geraten, gestaltet sich die Paarbeziehung umso vielschichtiger und komplizierter. Viele Umstände treten gleichzeitig ein, die sich in einer klassischen Beziehung erst mit der Zeit ergeben. Als Patchwork-Mutter ist man bereits ein Teil der Familie, wenn man den Partner noch besser kennen und lieben lernt. Zusammen in die Beziehung hineinzuwachsen, ist im Regelfall nicht möglich. Die erforderliche Zeit für die Reflexion der Beziehung fehlt ebenfalls oft.

Die perfekte Patchwork-Mutter – Hüten Sie sich vor einer Vision!

Frauen fühlen sich meist dafür verantwortlich, dass in einer Familie alle Mitglieder zufrieden und glücklich sind und sich somit in der Familie wohlfühlen. Oft eifern sie dem Familienideal der Kernfamilie nach, weshalb es zu Rückschlägen und daraus resultierend zur Entwicklung von Wut und Ratlosigkeit kommt. Viele Frauen haben dazu noch Angst, dass nach einer bereits gescheiterten Familie die neu entstandene Patchwork-Familie ebenso in die Brüche gehen könnte. Um dies zu verhindern, wird alles daran gesetzt, das neue Familienleben so glücklich wie möglich zu gestalten. Bei dem Versuch, den Bedürfnissen aller Familienmitglieder gerecht zu werden, vergessen Frauen oft auf sich selbst. Dieses Phänomen lässt sich auch in Kernfamilien beobachten, allerdings erhalten biologische Mütter im Gegenzug meist ein großes Maß an Zuneigung von ihren Kindern. Dies ist bei Patchwork-Müttern leider nicht immer der Fall. So muss mit Enttäuschungen gerechnet werden, wenn vergessen wird, dass es ein langer Prozess ist, bis die Bindung zwischen Patchwork-Mutter und Patchwork-Kind wirklich gestärkt ist und Vertrauen aufgebaut werden konnte. Daher sollten sich Patchwork-Mütter zwar immer ehrlich darum bemühen, eine gute Beziehung zum Kind aufzubauen, sich aber nicht in einer ungesunden Form für die Patchwork-Familie aufopfern. Negativ kann sich somit der Wunsch von Patchwork-Müttern auswirken, von ihren neu gewonnenen Patchwork-Kindern von Anfang an geliebt und akzeptiert zu werden. Somit wird unbewusst ein hoher Druck auf die Kinder ausgeübt. Verhalten sich die Kinder längere Zeit reserviert gegenüber der Patchwork-Mutter, fühlt sich diese schnell abgewiesen. Als Reaktion darauf entwickeln sich Neid, Eifersucht und Wut, was sich auf die gesamte Beziehungssituation zwischen Patchwork-Mutter und Patchwork-Kindern negativ auswirken wird.

Nehmen Sie Ihr Patchwork-Kind an, so wie es ist, und versuchen Sie nicht, eine Beziehung zu erzwingen, die vielleicht in dieser Form (im Moment) nicht möglich ist. Vieles entwickelt sich erst im Laufe der Zeit. Man beginnt Vertrauen zu fassen, sich einander besser kennen zu lernen und auf den anderen einzustellen. Dann treten positive Gefühle füreinander auch ganz von selbst ein.

TiPP!

Akzeptieren Sie, dass ein Patchwork-Elternteil, der in eine neue Familie kommt, nicht von vornherein einen für ihn oder sie reservierten

Platz vorfindet. Vielmehr sieht er sich einem familiären System gegenüber, in dem sich klare Strukturen und Muster etabliert haben. Schließlich waren die Mitglieder der neuen Familie schon zuvor eine Einheit. Durch die Aufnahme einer neuen Person in diesen Familienverbund ist es auch erforderlich, die Regeln und Abläufe neu zu organisieren und zu definieren. Patchwork-Elternteile haben es daher nicht immer leicht, sich in die Gemeinschaft einzufügen und von dieser auch wirklich aufgenommen zu werden. Geben Sie Ihrer neuen Familie und auch sich selbst Zeit, sich in den neuen Rollen ein- und zurechtzufinden.

Nur die „Zweite"?

„Du bist also Peters zweite Frau.“ Mit dieser Begrüßung hatte Silvia nicht gerechnet, als sie und ihr Mann Peter kurz nach der Hochzeit dessen alten Studienfreund Max trafen. So klassifiziert zu werden, in eine klare Reihenfolge eingeordnet zu sein, schockierte sie richtiggehend und verletzte sie sehr. Sie hatte fast den Eindruck, nicht denselben Respekt wie Peters „erste“ Frau zu verdienen, so abschätzig erschien ihr der Kommentar von Max. Dann wurde ihr allerdings sehr schnell klar, dass der Bekannte recht hatte. Sie war nicht einfach Peters Frau, sie war seine zweite Frau. Dieses kleine Wort hatte also für so manchen doch viel mehr Bedeutung, als sie je gedacht hatte. Und für Sylvia wurde nun auch klar, dass sie für immer Peters „zweite“ Frau sein würde und nicht nur einfach seine Frau.

Ist dies auch Ihr Problem? Fühlen Sie sich ebenfalls als „Zweite“? Tun Sie dies nicht mehr! Es ist vollkommen unerheblich, ob sie die erste, zweite oder dritte Frau an der Seite Ihres Mannes oder Lebensgefährten sind. Sie verlieren durch Ihre Stellung in der Reihe nicht an Wertigkeit oder Bedeutung, und Sie verdienen dieselbe Liebe und denselben Respekt wie alle anderen Frauen – egal, ob es sich um die erste, zweite oder gar fünfte handelt. Keine Frau ist zweitklassig! Auch Sie nicht! Sie sind vielleicht die „zweite“ Frau in einer chronologischen Reihenfolge, aber trotz allem einmalig!

Entwicklungsphasen einer Patchwork-Familie

Eine funktionstüchtige Patchwork-Familie benötigt Zeit, um sich zu entwickeln. Etwa fünf bis sieben Jahre braucht es im Durchschnitt, bis sich eine solche Familie konsolidiert hat. Erst dann sind nach Meinung von Experten die größten Probleme gelöst und die schwierigsten Stadien überwunden. Es dauert eben seine Zeit, bis eine Vertrauensbasis zueinander aufgebaut ist und sich alle Mitglieder als Teil der neuen Familie fühlen. Häufig sind sich die einzelnen Familienmitglieder lange über die eigene Rolle im neuen Gefüge nicht im Klaren, und es bedarf viel an Geduld und Durchhaltevermögen, um eine Patchwork-Familie zu einem stabilen Verband mit eigener Geschichte, speziellen Traditionen, aber auch gültigen Regeln für das Zusammenleben werden zu lassen.

Während ihres Konsolidierungsprozesses durchläuft eine Patchwork-Familie verschiedene Phasen:

Phase 1 – Auflösung des alten Familienverbundes

Allem voran geht eine Zeit der Trennung und Auflösung des alten Familienverbundes. Dies kann durch den Tod eines Partners, die Scheidung einer Ehe oder die Trennung vom einstigen Lebenspartner erfolgen. Auch wenn diese Ereignisse eine Beziehung rechtlich beenden, ist durch sie noch lange kein emotionaler Abschluss garantiert. Der psychische Ablösungsprozess ist für beide Partner meistens deutlich langwieriger als die juristische Komponente. Das gilt umso mehr für den Partner, der ungewollt mit der Trennungssituation konfrontiert wird. Er konnte sich nicht langsam auf die Trennung einstellen, sondern für ihn endet das gewohnte Familienleben ganz abrupt, und es treten Veränderungen der Familie hinsichtlich ihrer Zusammensetzung und Struktur ein.

Eine Trennung der Eltern und die damit verbundene Auflösung des gewohnten Zusammenlebens stellt für alle Mitglieder einer Familie eine neue und schwierige Situation dar. Der gewohnte starke Verband, in dem sich alle Mitglieder verortet und umsorgt gefühlt haben, existiert nicht mehr. Der Alltag verläuft nicht mehr nach den bekannten Mustern, und jedes Mitglied ist mit neuen Herausforderungen konfrontiert. Häufig zieht der Vater bzw. Exmann aus und die Mutter bleibt mit den gemeinsamen Kindern zurück. Der getrennt lebende Elternteil wird räumlich ausgeschlossen und verliert zumindest teilweise seine Position und sein Mitspracherecht in der Familie. Den Kindern kommt ein Ansprechpartner bzw. eine Bezugsperson abhanden. Die Ursprungsfamilie lebt nun in reduzierter Form für einige Zeit alleine. Der Elternteil, welcher weiterhin mit den Kindern zusammenwohnt, ist auf sich allein gestellt und trägt die Verantwortung des täglichen Lebens.

In dieser Zeitspanne entwickelten sich neue Rituale, die die Kleinfamilie verbindet und stärkt. Die bislang gültigen Verhaltensabläufe und Regeln innerhalb der alten Familie verlieren ihre Bedeutung. Alle ihre Mitglieder entwickeln ein Gefühl enger Zusammengehörigkeit, und man hat starkes Vertrauen zueinander. Es wurde eine neue familiäre Einheit gebildet, der zwar ein Elternteil nicht mehr angehört, die aber dennoch absolut funktionsfähig ist und Sicherheit und Halt bietet. Die wichtigste Aufgabe der Eltern gegenüber den Kindern besteht nun darin, die neue Situation möglichst klar zu erläutern und darzustellen. Den Kindern muss eingehend vermittelt werden, dass sie nicht ursächlich für die Trennung sind, sondern dass der Konflikt ausschließlich zwischen den Elternteilen besteht. Kindern ist unbedingt zu signalisieren, dass mit der elterlichen Trennung nicht auch die jeweilige Rolle als Vater oder Mutter endet, sondern diese weiterhin von beiden Elternteilen wahrgenommen und der Kontakt bestehen bleiben wird, wenn auch in veränderter Form. Es ist im Sinne der Kinder darauf zu achten, dass auch der getrennt lebende Teil seine Elternfunktion bestmöglich erfüllen kann, auch wenn es selten gelingt, bereits in diesem Abschnitt zwischen der einstigen Paar- und der Elternebene zu differenzieren. Dazu kommt, dass nun auch über das elterliche Sorgerecht, das Umgangsrecht sowie die Aufteilung der Besitztümer und die Finanzen entschieden werden muss, was alles höchst konfliktanfällig ist. Eltern haben speziell in dieser Zeit darauf zu achten, ihre Kinder nicht in etwaige Streitereien miteinzubeziehen, auch wenn die eigene Hilflosigkeit, Enttäuschung oder der grenzenlose Hass auf den Ex-Partner dazu verleiten mag. Da die Elternschaft trotz der Auflösung der Partnerschaft erhalten bleibt, existiert die alte Familie weiter, wenn auch in veränderter Form.

Alle Mitglieder der Familie müssen sich von der bisherigen Lebensweise verabschieden und von den Idealvorstellungen einer glücklichen Familie, die gesellschaftlich, aber auch religiös geprägt sind, lösen. Dazu gehört auch das Eingeständnis, persönlich gescheitert zu sein. Gleichzeitig kann der Verlust der familiären Strukturen auch für die Kinder sehr schmerzhaft sein.

Ganz selten wird diese Phase übersprungen, und es kommt gleich unmittelbar nach der Trennung zur Gründung einer Patchwork-Familie. Das ist dann der Fall, wenn einer der beiden Ex-Partner schon während der einstigen noch aufrechten Beziehung eine weitere pflegte und diese dann direkt in eine neue Familie überführen möchte.

Phase 2 – Die neue Familie kommt zusammen und lernt sich besser kennen

In dieser Phase kommen sich die neuen Partner auf der Paarebene näher. Sie lernen sich besser kennen, entwickeln immer stärkere Gefühle füreinander und sehen einander und die Umstände durch eine rosarote Brille. So manche Eigenheiten und Eigenschaften des neuen Partners werden als liebenswert empfunden und akzeptiert. Nach den Enttäuschungen der Vergangenheit scheint es plötzlich Licht am Horizont zu geben. Eine neue, zweite Chance wird erkannt. Die ehemalige Beziehung wird bewusst verdrängt, man möchte neu beginnen und ist fest entschlossen, dass es diesmal gelingt. Das Paar ist eingetaucht in eine Welt der positiven Gefühle, die es auch mit seinen Kindern teilen will. Man beschließt, diese dem neuen Partner vorzustellen, und alle haben höchstes Interesse an einer harmonischen Grundstimmung.

Andererseits sind die Kinder – mit anderen Partnern – eben schon da und nicht das Resultat der gemeinsamen, gewachsenen Liebe, wie es bei Kernfamilien der Fall ist. Diese Kinder mussten, sofern sie nicht mehr ganz klein sind, aufgrund der Trennung ihrer Eltern bereits Verlusterlebnisse bewältigen und haben meist gewisse Wunschvorstellungen von ihrem zukünftigen familiären Leben. Ihre alte Welt mit den biologischen Eltern als Paar existiert nicht mehr. Sie müssen nun ihren Platz in zwei neuen Familien, nämlich jener der Mutter und der des Vaters, finden. Durch den Eintritt in eine neue Partnerschaft ändert sich nämlich einiges an der exklusiven Verbundenheit zwischen Kindern und Elternteil. Für den neuen Partner muss Platz geschaffen werden, da auch er Anteil am familiären Leben nehmen möchte. Ein fremder Mensch tritt in die familiäre Verbindung mit ein, was bedeutet, dass die Liebe und

Zuwendung des Elternteils nun mit diesem geteilt werden müssen. Kinder können in dieser Phase recht uneinsichtig reagieren und viele Schwierigkeiten provozieren.

An diesem Punkt beginnen sich die Erwachsenen meist erste Gedanken über ein mögliches Zusammenleben zu machen. Eine neue, dauerhafte Partnerschaft führt im Regelfall dann auch zu einem gemeinsamen Haushalt. Daraus ergibt sich eine erneute umfassende Veränderung der familiären Lebenssituationen, was von allen Familienmitgliedern eine Reflektion über ihre Rolle in der Formierung des neuen Verbandes erfordert. Es gibt ja oft nicht nur einen neuen Patchwork-Elternteil, sondern unter Umständen auch Patchwork-Kinder und Patchwork-Geschwister. Auch das weitere Umfeld der neuen Familie verändert sich, da weitere Verwandte, neue Freunde und neue Kollegen hinzukommen, die der Patchwork-Elternteil miteinbringt. Steht auch ein Umzug eines Teiles der Familie an, so kann diese ihr bisheriges soziales Netz verlieren. Das bedeutet auch, dass sich Kinder unter Umständen räumlich noch weiter vom getrennt lebenden Elternfall entfernen. Alle beteiligten Personen müssen sich mit den geänderten Lebensbedingungen erst langsam vertraut machen. Noch immer wird aufeinander weitgehend Rücksicht genommen, da vieles nach wie vor fremd ist und der wechselseitige gute Eindruck möglichst lange erhalten bleiben soll. Aus der Sicht des Paares entstehen erste Gefühle von einem neuen familiären Zusammenhalt und die Möglichkeit, den Partner in Entscheidungen miteinzubeziehen.

Die Kinder sind beunruhigt und neugierig zugleich, da Veränderungen in der familiären Struktur natürlich auch spannend und aufregend sind. Sie beobachten genau, wie sich die neuen Familienmitglieder verhalten und wie alle miteinander zurechtkommen. Erste Probleme können auftreten, wenn Kindern Versprechungen gemacht werden, die nicht erfüllt werden können. Nicht immer sind eigene Zimmer möglich, oft müssen diese nun mit Patchwork-Geschwistern geteilt werden, und auch Geburtstage werden vermutlich nicht mehr selbstverständlich gemeinsam mit beiden biologischen Eltern gefeiert werden können. Es gilt, Kindern von Anfang an in einer ehrlichen, liebevollen und verständnisvollen Form zu vermitteln, was möglich und geplant ist und was eben nicht. Dann wird es weitaus weniger Enttäuschungen geben und das familiäre Klima entspannter sein.

Generell gilt in dieser Phase, Schwierigkeiten im Zusammenleben der neuen Familie, die unweigerlich auftreten werden, nicht als Banalitäten abzutun und darauf zu hoffen, dass sie sich schon irgendwie lösen werden. Das werden sie nämlich ohne aktives Zutun sicherlich nicht, sondern vielmehr im Untergrund weiter schwelen, bis sie irgendwann zum Ausbruch kommen.

Phase 3 – Die neue Familie muss sich vielen Herausforderungen stellen

Die ersten Positionen sind in dieser Phase nun einigermaßen abgeklärt, weshalb sich die Familie nun weiteren Punkten zuzuwenden hat, die bearbeitet werden müssen. Die Zeit der wechselseitigen Rücksichtnahme ist vorbei, und es finden die ersten offenen Auseinandersetzungen innerhalb der neuen Familie statt. Immer mehr gewinnen die eigenen Bedürfnisse und Wünsche der einzelnen Mitglieder, die diese eine Zeit lang zurückgestellt haben, an Wichtigkeit zu gewinnen. Das führt unweigerlich zu Reibereien und Konflikten. Die Partner stehen vor der Herausforderung, mit ihren eigenen Beziehungsproblemen umzugehen und sich gleichzeitig den Auseinandersetzungen zu stellen, die von ihren Kindern ausgehen. Eine Patchwork-Mutter fühlt sich vielleicht von ihrem Partner nicht in jeder Hinsicht unterstützt oder hat das Gefühl, dass ihr die eigenen Kinder in den Rücken fallen und die neue Partnerschaft sabotieren. Ein Patchwork-Vater findet möglicherweise seinen Platz im neuen Familiengefüge nicht und fürchtet, jede Form von Einfluss und Mitsprache schon zu Beginn zu verlieren. Die Kinder fühlen sich in dieser Phase oft unverstanden und ungeliebt. Mit anderen Worten handelt es sich um eine Zeit voller Missverständnisse und hohem Konfliktpotential auf allen Seiten. Nicht selten erscheint so manche Situation besonders für Patchwork-Mütter ausweglos, und es kommen erste Zweifel auf, ob die neue Patchwork-Familie überhaupt funktionieren wird.

TIPP! Die neue Lebensgemeinschaft, die bei der gemeinsamen Haushaltsgründung der Teilfamilie mit einem Patchwork-Elternteil entsteht, erfordert neue Formen des Zusammenlebens bzw. eine neue familiäre Organisation. Wichtig ist, dass alle in der neuen Familie miteinander über die eigenen Gefühle, Ängste und Wünsche kommunizieren können und gemeinsam versucht wird, neue Regeln und Normen zu schaffen, die in Konfliktsituationen als Leitlinie dienen und Sicherheit geben können. Solche Abmachungen sollten in einer ruhigen Zeit geschlossen werden und genau beinhalten, wie sich die Familienmitglieder im Fall von Meinungsverschiedenheiten und Auseinandersetzungen verhalten sollen. Dann können Kontroversen, die beim Zusammenleben nun einmal kaum zu vermeiden sind, ohne Ressentiments und die Schaffung weiterer Probleme bereinigt werden.

Wichtig ist, sich gegenseitig zuzuhören und für eine offene Gesprächsatmosphäre zu sorgen. Dabei soll jedes Familienmitglied genug Zeit bekommen, seine Sichtweise darzulegen, und es sollte ein höflicher Ton vorherrschen. Ich-Botschaften, das Einlassen auf den anderen und das Ernstnehmen aller Mitglieder der Familie sind weitere wichtige Punkte, die zu einer zufriedenstellenden Lösung von familiären Konflikten führen können. Auf jeden Fall sollten Schuldzuschreibungen unterlassen werden und stattdessen alle Familienmitglieder versuchen, die Probleme aus verschiedenen Blickwinkeln, besonders auch aus jenen der anderen, zu betrachten. Dies muss vorurteils- und wertungsfrei geschehen. Bei der Suche nach Lösungen für innerfamiliäre Konflikte muss stets danach getrachtet werden, dass diese von allen Beteiligten mitgetragen werden.

Besonders schwierig ist diese Phase, wenn Jugendliche im Teenageralter zur neuen Familie gehören. Diese stellen schon in Kernfamilien häufig ein großes Problem dar, und man kann davon ausgehen, dass es auch in Patchwork-Familien keineswegs reibungslos ablaufen, sondern zu gehäuften Auseinandersetzungen kommen wird.

Phase 4 – Der Konsolidierungsprozess beginnt

In dieser Phase werden die Konflikte seltener, und es tritt vermehrt Ruhe im Familiengefüge ein. Gemeinsamkeiten und das Miteinander werden immer wichtiger. Alle sind daran interessiert, die neu erlangte Harmonie zu erhalten. Die Familienmitglieder nähern sich einander weiter an und sind bereit, die neuen Regeln und Normen für ein möglichst reibungsloses Zusammenleben weitestgehend zu akzeptieren. Sollte es dennoch hin und wieder zu Auseinandersetzungen kommen, ist allen klar, dass dies keineswegs das Scheitern der neuen Familie bedeutet, sondern bestenfalls eine Neuanpassung von Regeln und Ritualen erfordert. Dies klärt die Familie idealerweise in regelmäßigen Gesprächen ab. Langsam stellt sich auch vermehrt ein gewisses Zusammengehörigkeitsgefühl bei den einzelnen Familienmitgliedern ein. Die neue Familie bildet immer mehr eine Einheit, was für die Mitglieder ein Gefühl der Sicherheit und Unterstützung bietet. Die allgemeine Sicht in die gemeinsame Zukunft ist eine durchwegs positive.

Phase 5 – Endlich eine „richtige" Familie

Der Alltag ist eingetreten und einstige, kaum überwindbar erscheinende Problembereiche haben sich mittlerweile eingespielt. Die Patchwork-Familie hat ihre eigene Identität gefunden und individuelle Rituale und Funktionsprinzipien etabliert. Gegenseitiger Respekt und Rücksichtnahme sind zur Selbstverständlichkeit geworden, die Familie hält zusammen und alle fühlen sich wohl in ihrer Rolle im neuen Gefüge. In dieser Phase ist Stabilität in der neuen Familie eingekehrt und Diskrepanzen werden ohne große Streitereien gelöst. Das Zusammenleben basiert endlich auf einem starken Fundament, genau so, wie es für Familien sein soll.

Die Phasen, die Patchwork-Familien auf dem Weg zu ihrer Konsolidierung als familiäres Gefüge durchlaufen müssen, sind nicht klar voneinander abgrenzbar, sondern gehen oft ineinander über. Auch erfolgt keine lineare Entwicklung, sondern eine eher sprunghafte, wobei zwischen den einzelnen Phasen hin und her gewechselt wird. Auch Rückschritte sind zu beobachten, ebenso wie bisweilen ein Überspringen einzelner Bereiche, obwohl alle Patchwork-Familien in gewisser Weise irgendwann trotz allem sämtliche Phasen durchlaufen. Dabei sind allerdings die jeweiligen Ausprägungen und Intensitäten bei den einzelnen Familien ganz individuell und höchst unterschiedlich. Dann ist es allen Komplikationen zum Trotz gelungen, zwei Familien zusammenzuführen und daraus eine neue entstehen zu lassen.

Rechte und Pflichten von Patchwork-Familien

Rechtliche Grundlagen

Obwohl auch im deutschen Sprachraum immer mehr Familien Zweitfamilien sind, liegt dem Gesetz noch immer die klassische Kernfamilie als idealtypische familiäre Variante zugrunde. In vieler Hinsicht hinken Gesetzgebung und Rechtsprechung dem Wandel der familiären Strukturen hinterher. Heute gibt es eine Vielzahl der unterschiedlichsten Familienformen, aber noch immer eine kaum darauf abgestimmte Rechtslage. Auch der rechtliche Terminus für Patchwork-Familien ist allen negativen Assoziationen zum Trotz noch immer „Stieffamilie". Das deutsche wie das österreichische Recht spricht daher von Stiefvater, Stiefmutter, Stiefkindern und Stiefgeschwistern. Dazu kommen Stiefgroßeltern.

Patchwork-Eltern müssen nicht miteinander verheiratet sein, um eine Patchwork-Familie zu gründen. Sie haben nur eine Lebensgemeinschaft zu führen. Eine rechtliche Beziehung zwischen Patchwork-Eltern und Patchwork-Kindern ergibt sich aber erst durch die Heirat der Eltern. Dann gelten diese, wie auch die Großeltern, als miteinander verschwägert. Nur Patchwork-Geschwister sind dies aus rechtlicher Sicht auch dann nicht.

Patchwork-Eltern haben einander bei der Ausübung der Obsorge für die Kinder des jeweils anderen in angemessener Weise zu unterstützen. Sie sind bei der Erfüllung aller Aufgaben im Zusammenhang mit der Betreuung und Erziehung der Kinder zu wechselseitigem Beistand verpflichtet, damit den Obsorgeaufgaben bestmöglich nachgekommen werden kann.

Sind Patchwork-Eltern nicht verheiratet, treffen den Patchwork-Elternteil dennoch Schutzpflichten hinsichtlich seiner Patchwork-Kinder. Da sie miteinander im gemeinsamen Haushalt leben und das Kind im familiären Verhältnis zum Partner steht, hat auch ein Patchwork-Elternteil dem Gesetz nach alles Zumutbare zu tun, um das Wohl des Kindes zu sichern.

Vertretungsrecht von Patchwork-Eltern

In Österreich kommt das Sorgerecht für ein Patchwork-Kind entweder dem Elternteil zu, bei dem es auch auch lebt, oder die biologischen Eltern teilen sich dieses. Der Patchwork-Elternteil und der biologische können das Sorgerecht nicht gemeinsam ausüben, da eine Übertragung der Obsorge an den Patchwork-Elternteil vom Gesetz her nicht vorgesehen ist. Nur wenn der Patchwork-Elternteil beschließt, das Kind des Partners zu adoptieren, würde er das Sorgerecht erhalten. Sonst kann der Patchwork-Elternteil das Kind auch nicht gesetzlich vertreten.

Trotzdem hat er Rechte und Pflichten in Bezug auf das Kind seines mit ihm verheirateten Partners. So muss er diesen bei der Ausübung des Sorgerechts – wie bereits erwähnt – angemessen unterstützen. Ist dies erforderlich, hat er auch die Pflicht, ihn in Obsorgeangelegenheiten des täglichen Lebens zu vertreten. Dies ist allerdings nur dann zulässig, wenn seinem Ehepartner auch die Obsorge zugesprochen wurde. Verbringt ein Kind das Wochenende bei seinem Vater, der kein Sorgerecht besitzt, kann ihn dessen Lebenspartnerin in dieser Angelegenheit auch nicht vertreten. Unter Obsorgeangelegenheiten des täglichen Lebens versteht man kleinere, häufiger vorkommende Dinge im Leben einer Familie, die im Zusammenhang mit einem Kind anfallen. Sie dürfen dabei aber keine größeren Auswirkungen auf die Entwicklung des Kindes entfalten. Darunter fallen etwa Entscheidungen über die Höhe des Taschengeldes oder die Zeit, die ein Kind täglich am Computer verbringen darf, aber auch das Abholen von der Nachmittagsbetreuung, die Begleitung in den Ballettunterricht oder die Unterschrift im Schulheft, nicht aber die Entscheidung darüber, welche weiterführende Schule es besuchen soll. Über all das darf auch ein Patchwork-Elternteil befinden, sofern ihm dies nicht durch seinen Partner, den er in diesen Fällen vertritt, ausdrücklich untersagt wird. Ist dies der Fall, wäre etwa die Unterschrift des Patchwork-Elternteils auf dem Entschuldigungsformular seines Patchwork-Kindes ungültig.

Ist der mit der Obsorge betraute biologische Elternteil durch Krankheit oder Abwesenheit verhindert und muss sofort eine Entscheidung getroffen oder bei Gefahr im Verzug gehandelt werden, kann ihn der Patchwork-Elternteil ebenfalls vertreten. Teilen sich die biologischen Eltern das Sorgerecht, muss es beiden unmöglich sein, ihr Kind zu vertreten, bevor dies der Patchwork-Elternteil tun kann. Dabei muss dieser immer im Sinne der Eltern bzw. des Partners, den er vertritt, handeln.

In Deutschland sieht der Gesetzgeber vor, dass Patchwork-Mütter bzw. Patchwork-Väter von ihren mit ihnen verheirateten Partnern, die das alleinige Sorgerecht innehaben, ein sogenanntes „Kleines Sorgerecht“ bei der Betreuung ihrer Kinder übertragen bekommen können. Das ermöglicht ihnen, in Abstimmung mit dem Partner eigenständig gewisse Entscheidungen in Hinblick auf das Kind zu treffen, was die Bewältigung des gemeinsamen Alltags oft sehr erleichtert. Die Bereiche entsprechen jenen in Österreich und umfassen kleinere Angelegenheiten des täglichen Lebens, die auch offizielle Akte, wie das Unterschreiben eines schulischen Formulars, umfassen können. Liegt ein offiziell erteiltes „Kleines Sorgerecht“ vor, dürfen Patchwork-Eltern im Notfall bzw. bei Gefahr im Verzug aber auch alleine über lebenswichtige Operationen des Kindes entscheiden, auch ohne dass zuvor die Zustimmung der Eltern eingeholt wurde.

Sind Patchwork-Eltern nicht verheiratet, sondern miteinander in einer Lebensgemeinschaft verbunden, kann dem Partner das „Kleine Sorgerecht“ nicht eingeräumt werden. Auch in Österreich kann der obsorgeberechtigte Elternteil seinem mit ihm nicht verheirateten Partner kein Vertretungsrecht in Hinblick auf seine Kinder übertragen. Dies bleibt allein verheirateten Patchwork-Paaren vorbehalten.

TIPP!

Lassen Sie sich von Ihrem Partner am besten schriftlich bestätigen, dass er Ihnen das Vertretungsrecht für Angelegenheiten des täglichen Lebens des Kindes einräumt. Das vereinfacht vieles, etwa im Umgang mit Lehrern oder Kindergartenpädagogen.

Leben Sie in einer nichtehelichen Lebensgemeinschaft zusammen und sind Sie mit Ihrem Partner nicht verheiratet, muss er Ihnen in jedem Fall eine schriftliche Vollmacht erteilen, wenn er Ihnen gewisse kleinere Befugnisse in Hinblick auf das Kind einräumen will.

Änderung des Nachnamens von Patchwork-Kindern

Oft entschließen sich Patchwork-Eltern, nach der Eheschließung einen gemeinsamen Familiennamen zu führen, und sie wünschen sich als Symbol der Einheit der neuen Familie den gleichen Namen für alle Kinder. Der Nachname eines Patchwork-Kindes kann dem österreichischen Gesetz nach geändert werden, wenn dies der

Elternteil, dem die alleinige Obsorge zukommt, so möchte. Der andere Elternteil muss über die Änderung des Namens allerdings verständigt und zuvor auch angehört werden. Liegt eine gemeinsame Obsorge vor, muss der andere biologische Elternteil zustimmen. Ist das Kind älter als 14, fordert das Gesetz auch sein Einverständnis zur Namensänderung.

Ähnlich ist dieser Sachverhalt in Deutschland geregelt. Auch hier hat der sorgeberechtigte Elternteil das Recht zu erklären, dass der neue gemeinsame Nachname der Patchwork-Familie auch vom Kind geführt werden soll. Bei gemeinsamem Sorgerecht muss der andere Elternteil ebenfalls zustimmen. Gleiches gilt für über 14-jährige Kinder.

Stimmt der andere Elternteil einer Namensänderung nicht zu, kann seine Einwilligung unter bestimmten Voraussetzungen, wenn es dem Kindeswohl dient, vom Familiengericht ersetzt werden.

Durch eine Namensänderung werden Patchwork-Kinder allerdings den biologischen nicht gleichgestellt. Auch wenn sie nun denselben Nachnamen tragen wie die restlichen Mitglieder der Patchwork-Familie, sind sie z.B. erbrechtlich nach wie vor nicht gleichgestellt. Das gelingt nur im Rahmen einer Adoption.

TIPP!

Eine Änderung des Familiennamens des Kindes sollte wohl überlegt sein. Der Name ist Teil der Identität und symbolisiert auch eine bestimmte Zugehörigkeit. Wäre es etwa das Ziel einer Namensänderung, die Bedeutung des biologischen Elternteils bzw. von dessen Familie im Leben des Kindes weiter zu schwächen, könnte dies langfristig große Probleme für das Kind mit sich bringen. Besteht jedoch kaum oder kein Kontakt mehr zum biologischen Elternteil und wäre das betroffene Kind das einzige in der Patchwork-Familie, das einen anderen Nachnamen hätte, könnte eine Änderung desselben die bessere Variante sein. So wäre die familiäre Zugehörigkeit des Kindes auch stärker nach außen hin demonstriert.

Unterhaltsansprüche

Die Höhe der Unterhaltszahlungen ist in Deutschland und in Österreich gesetzlich geregelt. Sie hängt vom Einkommen des unterhaltspflichtigen Elternteils ab und dient dem Wohl des Kindes. Das Einkommen von Patchwork-Elternteilen spielt bei der Berechnung des Unterhaltes für die Kinder in beiden Ländern keine Rolle. Auch wenn das Kind von seinem Patchwork-Elternteil finanziell unterstützt wird, findet keine Anrechnung auf die Unterhaltspflicht des biologischen Elternteils statt.

Direkt zahlungspflichtig werden Patchwork-Eltern nie. Dies gilt auch, wenn ihr Partner zahlungsunfähig wird und seinen Verpflichtungen nicht mehr nachkommen kann. Aber auch, wenn ein Patchwork-Elternteil keinen direkten Unterhaltsanspruch gegenüber seinem Patchwork-Kind hat, ist er seinem Ehepartner gegenüber zu Beistand verpflichtet. Dies kann dazu führen, dass er ihn zumindest indirekt bei der Erfüllung seiner Unterhaltspflicht zu unterstützen hat. Das bedeutet zwar nicht, dass – wie schon erwähnt – ein Patchwork-Elternteil rechtlich zu Zahlungen verpflichtet werden kann, wenn der biologische Elternteil seinen Unterhaltspflichten nicht nachkommen kann. Allerdings wäre ihm durchaus zumutbar, dass er sich in einem solchen Fall in stärkerem Maße an den gemeinsamen Miet-, Lebensmittel- oder sonstigen Kosten beteiligt, damit dem Partner mehr Geld für die Unterhaltszahlungen bleibt.

(Vorübergehender) Verbleib beim Patchwork-Elternteil

Falls der obsorgeberechtigte Elternteil, bei dem das Kind in erster Linie lebt, stirbt und das Kind ein gutes Verhältnis zum Patchwork-Elternteil hat, kann dieses in Deutschland auf der Grundlage einer sogenannten Verbleibeanordnung weiter bei ihm wohnen bleiben. Dies ist sogar möglich, wenn auch der überlebende Elternteil obsorgeberechtigt ist. Diese Regelung ist allerdings nur für einen befristeten Zeitraum vorgesehen und soll helfen, die Zeit zu überbrücken, bis dann das Kind letztendlich doch dem anderen biologischen Elternteil oder unter Umständen auch anderen Verwandten übergeben wird. Das Ziel ist nämlich im Allgemeinen immer die Rückführung eines Kindes in seine Herkunftsfamilie. Nur wenn das Kindeswohl gefährdet ist, der Patchwork- und der biologische Elternteil verheiratet waren, das Kind längere Zeit in der Patchwork-Familie gelebt hat und niemand von den Verwandten das Kind aufnehmen möchte, könnte das Gericht zugunsten des Patchwork-Elternteils entscheiden. Das wird es dann tun, wenn es für das Kind mit erheblichen Nachteilen verbunden wäre, vom Patchwork-Elternteil getrennt zu werden, da Richter aufgerufen sind, bei ihren Entscheidungen für die Kontinuität und die Stabilität der Lebensverhältnisse des Kindes zu sorgen. Waren biologischer und Patchwork-Elternteil nicht verheiratet und gab es auch kein gemeinsames Sorgerecht mit dem anderen überlebenden biologischen Elternteil, so kann im Fall, dass dies dem Kindeswohl eher entspricht als ein Aufenthalt beim überlebenden biologischen Elternteil, die Vormundschaft für das Kind ebenfalls dem Patchwork-Elternteil übertragen werden.

In Österreich kommt beim Tod des obsorgeberechtigten Elternteils im Fall eines gemeinsam ausgeübten Sorgerechtes dieses automatisch dem anderen zu. Wenn der verstorbene Elternteil aber das alleinige Obsorgerecht innehatte, ist es Aufgabe des Gerichtes zu entscheiden, wem nun das Sorgerecht übertragen werden soll. Das können der andere Elternteil, die Großeltern oder aber auch Pflegeeltern sein. Zu den Letzteren zählen allerdings auch die Patchwork-Eltern. Bei der Entscheidungsfindung wird wie auch in Deutschland in erster Linie das Kindeswohl zugrunde gelegt. Wichtige Parameter, nach denen das Kindeswohl bemessen wird, sind dabei dessen angemessene Versorgung, die Übernahme einer Fürsorgeverpflichtung durch den Obsorgeberechtigten, die Wertschätzung des Kindes, die Förderung seiner Neigungen und Fähigkeiten, aber auch die Vermeidung von Gefahren und die Wahrung der Rechte, Ansprüche und Interessen des Kindes.

Erbrechtliche Bestimmungen

Weder in Deutschland noch in Österreich existiert eine gesetzliche Erbfolge bei Patchwork-Familien. Nur biologische Kinder, Adoptivkinder und Ehegatten sind dem Gesetz nach erbberechtigt, Patchwork-Kinder nicht, da sie mit dem Erblasser nicht verwandt sind. Sie sind daher nach deren Patchwork-Eltern nur dann erbberechtigt, wenn sie diese testamentarisch bedacht haben. Wenn die Patchwork-Eltern ihr Vermögen nur ihren Kindern und nicht auch dem Ehepartner zukommen lassen wollen, empfiehlt sich ein wechselseitiger Erbverzicht. Dann werden Patchwork-Eltern bei der Erbfolge nach ihrem Ehemann oder der Ehefrau nicht berücksichtigt, sondern nur die biologischen Kinder. Dem überlebenden Ehepartner kann zu dessen Absicherung allerdings notariell ein Wohnrecht im Haus des Verstorbenen eingeräumt werden, welches mit dessen Tod erlischt und nicht übertragbar ist.

Kontaktrechte

Jeder Elternteil hat das Recht darauf, seine Kinder regelmäßig zu treffen. Erst mit 14 kann ein Kind selbständig darüber entscheiden, ob es zu einem Elternteil weiter Kontakt haben möchte oder nicht. Es obliegt den biologischen Eltern, die Besuchsvereinbarung einvernehmlich zu gestalten. Gelingt dies nicht, trifft das Gericht eine entsprechende Regelung. Dabei hat jeder Elternteil das Recht auf Kontakte, unabhängig davon, ob er ein Sorgerecht hat oder seinen Unterhaltsverpflichtungen nachkommt. Das Besuchsrecht ist einklagbar. Es ist auch im Sinne des Kindeswohls alles zu unterlassen, was das Verhältnis zum anderen Elternteil beeinträchtigen könnte. Nur wenn sehr gewichtige Gründe vorliegen, können Besuchskontakte zwischen Eltern und ihren Kindern ausgeschlossen werden.

Patchwork-Eltern zählen im Allgemeinen zu engen Bezugspersonen eines Kindes, mit denen eine Vertrauensbeziehung besteht, wie sie in einer Familie üblich ist, dennoch haben sie kein gesetzliches Besuchs- oder Umgangsrecht. Trennen sich Patchwork-Eltern, haben sie daher auch keinen rechtlichen Anspruch darauf, mit ihrem Patchwork-Kind weiterhin Kontakte zu pflegen. Dies kann zu extremen Härtefällen führen, da es enge Bindungen zwischen einem Patchwork-Elternteil und dem Kind des Ex-Partners geben kann. Deshalb kann etwa in Deutschland trotzdem ein Besuchsrecht gestattet werden, wenn die beiden längere Zeit miteinander gelebt haben und der weitere Kontakt zum Patchwork-Elternteil dem Wohl des Kindes dient. So wird das Kind vor einem unerwarteten Verlust einer engen Bezugspersonen geschützt. Zu beachten ist dabei allerdings, dass durch den Umgang zwischen Patchwork-Elternteil und Patchwork-Kind nicht die Beziehung zu den biologischen Eltern beeinträchtigt und deren Erziehungstätigkeit belastet werden darf.

Pflegefreistellung

Im Bereich der Pflegefreistellung hat sich der Gesetzgeber in seinen Bestimmungen mittlerweile bereits an die gesellschaftliche Realität angepasst. Anspruch auf Pflegefreistellung haben nämlich nicht nur der biologische Elternteil, sondern auch der Partner aus einer Patchwork-Familie. Dafür ist es nicht notwendig, dass die Patchwork-Eltern verheiratet sind. Es ist sowohl in Österreich als auch in Deutschland vollkommen ausreichend, nachzuweisen, dass alle im gemeinsamen Haushalt leben.

Adoption

Sind Patchwork- und biologischer Elternteil miteinander verheiratet und soll ein Patchwork-Kind einem biologischen rechtlich gleichgestellt werden, geht dies nur über eine Adoption durch den Patchwork-Elternteil. Durch einen solchen Rechtsakt werden die biologischen Kinder des Partners auch zu den eigenen. Gesetzlich haben diese nun dieselben Rechte und Pflichten wie biologische Kinder. Die bislang bestehenden rechtlichen Beziehungen zwischen dem Kind und dem anderen biologischen Elternteil werden durch eine Adoption durch den Patchwork-Elternteil aufgehoben. Mit der Adoption übernimmt der Adoptierende sowohl das Sorgerecht als auch die Unterhaltsverpflichtung für das Kind. Das Kind wird gegenüber dem adoptierenden Patchwork-Elternteil erbberechtigt und kann dessen Nachnamen erhalten. Anders als bei herkömmlichen Adoptionen ändert sich bei der Adoption eines Patchwork-Kindes durch einen Patchwork-Elternteil nur die rechtliche Beziehung zu einem biologischen Elternteil. Zum anderen bleibt sie gleich. Die wechselseitigen Rechte und Pflichten zwischen dem Kind und dem einen biologischen Elternteil erlöschen mit der Adoption. Er muss allerdings seine Einwilligung zur Adoption durch den Patchwork-Elternteil des Kindes geben.

Ein Adoptionsantrag wird vom Gericht üblicherweise genehmigt, wenn es dem Wohl des Kindes dient. In einem solchen Fall kann es nach vorangegangener Prüfung sogar eine allenfalls verweigerte Zustimmung des anderen Elternteils ersetzen. Besteht eine enge Verbundenheit zwischen Kind und anderem biologischem Elternteil, wird eine Adoption durch den Patchwork-Elternteil kaum im Sinne des Kindes sein und nicht genehmigt werden.

TIPP!

Eine Adoption ist immer mit weitreichenden Konsequenzen für das Patchwork-Kind und auch den Patchwork-Elternteil verbunden. Deshalb sollte diese gut durchdacht sein. Für den Patchwork-Elternteil ergeben sich viele Pflichten, und das Kind gibt einen Teil seiner biologischen Herkunft auf. Selbst wenn über einen längeren Zeitraum kaum Kontakt zum biologischen Elternteil besteht, kann sich das immer ändern. Dem Wohl des Kindes dient es aber sicher nicht, wenn die Adoption nur mit dem Ziel verfolgt wird, die Kontaktmöglichkeiten des biologischen Elternteils zu unterbinden.

Bevor man sich also zu so einem Schritt entschließt, wäre es gut, auch Alternativen zu überlegen. Zur Übertragung bestimmter Rechte und Pflichten können statt einer Adoption testamentarische Verfügungen für die Regelung des Erbes, eine Änderung des Familiennamens des Kindes oder umfassendere Vollmachten für den Patchwork-Elternteil in Betracht gezogen werden.

Wie sich eine solche Adoption auf die betroffenen Kinder auswirkt, ist nämlich wissenschaftlich noch nicht eindeutig abgeklärt. Dafür spricht vielleicht, dass es auf diese Art gelingt, das familiäre Verhältnis, den Zusammenhalt und die Zusammengehörigkeit der Familie zu legalisieren. Kam ein Kind schon in sehr jungen Jahren in den Patchwork-Verbund, fühlt es sich bestens integriert oder soll eine Adoption dazu dienen, um ihm Sicherheit und emotionalen Halt zu bieten, kann eine solche auch eine richtige Entscheidung sein.

Sie mögen seine Kinder nicht

Seine Kinder bleiben für immer

Katharina (34) ist seit drei Jahren mit Martin (37) verheiratet. Marc ist ihr gemeinsames einjähriges Kind. Katharina gibt offen zu, dass sie die Kinder ihres Mannes aus erster Ehe nicht mag. In vielen Situationen kommen in ihr sogar richtige Hassgefühle gegenüber Simon (5) und Anja (7) hoch. An jedem Wochenende, das Simon und Anja bei ihnen verbringen, gibt es Streit. Die Kinder wirken auf Katharina unhöflich, schlampig und aggressiv. Schon mehrmals äußerte sie ihrem Mann gegenüber den Wunsch, er möge keine Kontakte mehr mit seinen Kindern pflegen. Zweimal stellte sie ihn sogar vor die Alternative, sich für sie und Marc oder Simon und Anja zu entscheiden.

Es wird in den meisten Fällen fast unmöglich sein, die Kinder des Partners ebenso zu lieben wie die eigenen. Diese sind nun einmal nicht Ihre Kinder. Sie haben sie nicht geboren, nicht gestillt und in den allermeisten Fällen auch die erste intensive Prägungsphase nicht miterlebt. Eine Beziehung zu ihnen muss sich erst entwickeln, und dies braucht Zeit. Vielleicht ist Ihr Bezug zu seinen Kindern auch deshalb nicht so intensiv, weil sie die meiste Zeit über bei ihrer Mutter leben und sie nur ab und zu Tage mit Ihnen verbringen. All dies sind Fakten, weshalb auch niemand von Ihnen erwarten darf, dass Sie Mutterliebe für sie empfinden. Dies gilt auch für Sie selbst. Ihre bedingungslose, exklusive mütterliche Liebe steht nur Ihren eigenen Kindern zu. Es ist auch gar nicht nötig, Ihren Patchwork-Kindern mit so inniger Liebe zu begegnen. Viel wichtiger als ein ständiger Kampf mit den eigenen Gefühlen ist es, für Ihre neue Familie, also auch für die Kinder Ihres Partners, ein harmonisches Heim zu gestalten, in dem sich alle wohlfühlen können.

Nun gibt es aber vielleicht auch in Ihrem Leben Situationen, in denen die Kinder Ihres Partners durch ihr Verhalten in Ihnen so viel Wut und Zorn provozieren, dass es Ihnen am liebsten wäre, sie würden ganz aus dem eigenen Leben verschwinden. Natürlich können Sie Ihren Partner entsprechend unter Druck setzen und fordern, den Kontakt mit seinen Kindern aus einer anderen Beziehung abzubrechen. In einem solchen Fall sind folgende Konsequenzen denkbar:

- Ihr Mann kommt diesem Wunsch auf keinen Fall nach und ist eher bereit, die Beziehung mit Ihnen zu beenden. Dies kann im schlimmsten Fall sogar bedeuten, dass Sie – sofern Sie auch gemeinsame Kinder haben – diese nun alleine aufziehen müssen. Durch Ihren Wunsch nach Abbruch aller Kontakte würden Sie also den eigenen Kindern ebenfalls den Vater nehmen.
- Ihr Mann entscheidet sich, Ihren Vorstellungen zu entsprechen, und stellt den Kontakt mit seinen Kindern aus einer früheren Beziehung ein. In diesem Fall können Sie allerdings sicher sein, dass dies nicht ohne Ressentiments Ihnen gegenüber von statten gehen wird. Überlegen Sie daher, ob Sie wirklich mit einem Mann leben wollen, der ständig von schlechtem Gewissen geplagt wird und in Ihnen die Schuldige für seine Nöte sieht? Konflikte in Ihrer Paarbeziehung sind vorprogrammiert und werden zumindest unterschwellig immer irgendwie präsent sein. Fragen Sie sich auch, ob es Sie nicht bedenklich stimmt, einen Partner zu haben, der seine eigenen Kinder im Stich lässt.
- Ihr Mann kann sich angesichts Ihres Verhaltens auch entscheiden, den Kontakt mit seinen Kindern heimlich weiter zu pflegen. Sie werden dann von den gemeinsamen Treffen nach Möglichkeit nichts erfahren und vollkommen von diesem Teil seines Lebens ausgeschlossen werden. Auch in so einem Fall ist es ziemlich wahrscheinlich, dass sich Ihr Partner, der sich nun zu einem Doppelleben gezwungen sieht, irgendwann von Ihnen emotional zu distanzieren beginnt. Schließlich möchte er ja ein gemeinsames Leben mit Ihnen, das eben auch seine Kinder mitumfasst.

Mit anderen Worten: Es gibt kaum eine Möglichkeit, seine Kinder aus Ihrem gemeinsamen Leben zu entfernen. Sie sind nun einmal da und haben einen berechtigten Anspruch auf Kontakte mit ihrem Vater. Nur wenn dieser von sich aus einen solchen nicht wünscht, wird es auch keinen geben. Von charakterlicher Größe zeugt dies sicher nicht. Selbst wenn Ihnen ein solcher Kontaktabbruch auf den ersten Blick als idealer Zustand erscheint, sollten Sie auch hinterfragen, ob Ihr Partner im Fall einer Trennung von Ihnen Ihre gemeinsamen Kinder ebenfalls im Stich lassen würde.

Finden Sie sich daher mit der Tatsache ab, dass Ihr Partner die Kontakte zu seinen Kindern, auch wenn er von deren Mutter getrennt ist, aufrechterhalten möchte. Eine solche Haltung spricht für ihn und sein Verantwortungsgefühl. Schließlich ist und bleibt er ihr Vater.

Andererseits bedeutet dies keineswegs, dass Sie hinter seinen Kindern an Bedeutung und Wichtigkeit in seinem Leben zurückstehen müssen. Ganz im Gegenteil. Niemand kann Ihnen Ihren Platz an der Seite Ihres Partners streitig machen. Dies haben auch seine Kinder zu akzeptieren und sich entsprechend Ihnen gegenüber zu verhalten. Sie können Respekt und höfliche Umgangsformgen erwarten.

Bemühen Sie sich dennoch um Zugang zu seinen Kindern

Unbedingt sollten Sie sich aber auch kritisch fragen, warum Sie die Kinder Ihres Partners nicht mögen. Lehnen Sie engere Kontakte ab, weil diese so oft von ihrer Mutter sprechen? Mögen Sie es nicht, wenn sie mit Ihnen schöne Erinnerungen aus der Vergangenheit teilen, als deren vorherige Familie noch intakt war? Fühlen Sie sich provoziert, wenn die Kinder von ihren mütterlichen Großeltern schwärmen? Vielleicht können Sie sich dazu durchringen, seine Kinder auch positiv zu sehen und nicht nur als das Produkt einer von Ihnen am liebsten ungeschehen gemachten Vergangenheit. Möglicherweise suchen die Kinder ja Ihre Zuwendung, wenn auch in ungeschickter und nerviger Form. Möchten sie das Gespräch mit Ihnen, wollen sie Ihnen Dinge erzählen und manches anvertrauen und Sie lassen das nicht zu? Haben Sie wirklich Verständnis, wenn sie an einem der Besuchswochenenden krank oder müde sind, Sie ignorieren und sich besonders intensiv dem Vater zuwenden oder zur Mutter zurück wollen? Können Sie tatsächlich verstehen, dass die Kinder Ihres Partners immer Fotos ihrer Mutter dabei haben und manchmal mit ihr telefonieren möchten, auch wenn Sie sich noch so intensiv mit ihnen beschäftigen?

Bemühen Sie sich aktiv, Eigenschaften an den Kindern zu entdecken, die Ihnen sympathisch sind. Sind sie hilfsbereit? Kümmern sie sich liebevoll um ihr Halbgeschwisterchen? Haben sie eine gute Beziehung zu Ihren oder den gemeinsamen Kindern? Müssen Sie nicht auch manchmal lachen, weil sie so witzig und schlagfertig sind? Oder beobachten Sie, dass sie sich schwer im Leben zurechtfinden oder gar in der Schule gemobbt werden? Dann helfen Sie ihnen doch, vor allen Dingen dann, wenn die eigenen Eltern die Tragweite der Situation vielleicht gar nicht erkennen können. Wäre es nicht ein schönes Ziel, zu einer weiteren Vertrauensperson für die Kinder Ihres Partners zu werden?

Vanessa (16) leidet sehr unter der Scheidung ihrer Eltern. Seitdem ihr Vater nicht mehr zu Hause wohnt und stattdessen mit Clara (42) lebt, haben sich ihre Schulleistungen drastisch verschlechtert. Sie hat zehn Kilo zugenommen und hasst ihr Leben. Die Mutter hat einen neuen Freund und kümmert sich kaum ums Kind. Der Vater ist beruflich so eingespannt, dass auch ihm kaum Zeit für Vanessa bleibt. Beide bemerken nicht, wie sie von ihren Schulkollegen gemobbt und gehänselt wird und immer unglücklicher wirkt. Nur Clara fällt die Wesensveränderung ihrer Patchwork-Tochter auf. Sie mochte Vanessa eigentlich nie, da diese kaum auf sie zuging und wenig Kontakt wollte. Als Clara an einem Besuchswochenende auf Vanessas iPad zufällig Einträge findet, die diese massiv beleidigen und bloßstellen, spricht sie ihre Patchwork-Tochter darauf an. Diese beginnt bitterlich zu weinen und vertraut sich ihr an. Clara erkennt sofort das Ausmaß der Tragödie und beschließt, Vanessa zu helfen. Nach Rücksprache mit Vanessas Vater begibt sie sich selbst in die Schule, um mit Klassenlehrern und Direktor die Sache zu besprechen. Außerdem organisiert sie für Vanessa psychologische Beratungstermine, die sie bei ihrer Entwicklung sehr unterstützen. Nach etwa einem halben Jahr geht es dem Mädchen wieder wesentlich besser. Sie ist dank der von Clara organisierten Unterstützung viel selbstbewusster und lebensfroher geworden. Ihre einstigen Mobbingfeinde wurden teilweise von der Schule verwiesen. Claras Beziehung zu Vanessa verbessert sich in dieser Zeit zunehmend, da ihre Patchwork-Tochter nicht nur Claras Engagement sehr zu schätzen weiß, sondern sich aktiv um einen guten Kontakt zu ihr zu bemühen beginnt. Clara wird zu einer mütterlichen Freundin für Vanessa und somit zu einer weiteren wichtigen Vertrauten in ihrem Leben.

Versuchen Sie also, zu den Kindern Ihres Partners eine verantwortungsbewusste und liebevolle Beziehung aufbauen, die aber bewusst eine andere ist als jene zu den eigenen Kindern. Wie bereits erwähnt, sind intensive Liebesgefühle für Ihre Patchwork-Kinder auch gar nicht erforderlich für das Funktionieren einer glücklichen Patchwork-Familie. Ganz im Gegenteil. Je entspannter man mit Gefühlen und Emotionen umgeht, die sich im Laufe der Zeit oft ohnehin von selbst entwickeln, und je weniger man versucht, irgendetwas zu erzwingen, umso Erfolg versprechender wird der Prozess der wechselseitigen Annäherung verlaufen. Übernehmen Sie jenen Part, der Ihnen in einer Patchwork-Konstellation zugedacht ist, nämlich den einer mütterlichen Freundin, die unterstützt, vermittelt, Verständnis zeigt und auch bei Krisen hilft.

Tobias (19) wird bei einem Diskothek-Besuch in eine Schlägerei verwickelt und muss mit einer Anzeige rechnen. Er hat panische Angst vor seinen Eltern, die beide seit der Scheidung noch viel strenger zu sein scheinen als zuvor. In seiner Verzweiflung wendet er sich an Katharina (46), die neue Frau seines Vaters. Sie hatten immer ein gutes Verhältnis zueinander, und Katharina, die die übertriebene Härte seiner Eltern nicht versteht, beschließt, Tobias zu helfen. Nach Absprache mit Tobias Vater engagiert sie einen Anwalt und begleitet Tobias auch zu seinem Gerichtstermin. Zuvor spricht sie mit ihm genau den Ablauf der Verhandlung durch und gibt ihm wichtige Verhaltenstipps. Tobias kommt nicht nur mit einer milden Strafe davon, sondern sieht ab diesem Zeitpunkt in Katharina eine seiner wichtigsten Bezugspersonen.

Selbst wenn Sie keinerlei Zuneigung verspüren, können auch von Ihnen Ihren Patchwork-Kindern gegenüber wohlwollende Verhaltensmuster abverlangt werden. Sie sollten zumindest mit Ihrer positiven Einstellung und wenn nötig Unterstützung rechnen dürfen. Dasselbe gilt aber auch für Ihren Partner und seine Beziehung zu Ihren eigenen Kindern. Sie können und dürfen auch von ihm nicht erwarten, dass er Ihre Kinder liebt wie seine eigenen. Dafür haben diese ihren biologischen Vater. Ihr Partner hat die Rolle eines Freundes, Begleiters und im besten Fall Vertrauten wahrzunehmen. Nicht mehr, aber auch nicht weniger.

TIPP!

Akzeptieren Sie, dass Sie Ihre Patchwork-Kinder nicht so lieben können wie Ihr eigenes. Innige Muttergefühle stellen sich in den meisten Fällen eben nur bei den eigenen Kindern ein. Auch wenn Sie Ihren Mann über alles lieben, ist die Übertragung solch tiefer Emotionen auf seine Kinder einfach nicht machbar. Dies hat absolut nichts mit der Liebe zu ihm zu tun, es gibt keinerlei Zusammenhang. Haben Sie daher auf keinen Fall Schuldgefühle. Das bedeutet nämlich nicht, dass Sie nicht eine wirklich gute Patchwork-Mutter sein können. Diese Rolle hat ihre eigenen Ansprüche und Herausforderungen. Konzentrieren Sie sich auf diese! Bringen Sie seinen Kindern Aufmerksamkeit und Interesse entgegen und zeigen Sie nicht offen Ihre Abneigung. Akzeptieren Sie die Kinder Ihres Partners als einen Teil Ihres Lebens. Vielleicht gelingt es Ihnen auch, zu einer erwachsenen Freundin zu werden. Davon profitieren vor allen Dingen ältere Kinder. Es ist perfekt, wenn Sie seine Kinder einfach mögen. Dass Sie sie lieben, wünschen sich nicht einmal die Kinder selbst, denn geliebt werden sie bereits, nämlich von ihrer Mutter und ihrem Vater.

Wenn Sie Eifersucht empfinden

Natürlich hat mit den Kindern Ihres Partners dessen Vergangenheit Auswirkungen auf die Gegenwart. Ihre Existenz erinnert daran, dass Ihr Partner ein Leben vor Ihnen hatte, das durchaus auch viele glückliche Moment kannte. Seine Kinder zeugen von der ehemaligen Liebe zu einer anderen Frau. Sie sind auch ein klares Indiz dafür, dass es niemals einen wirklichen Schlussstrich unter die Vergangenheit Ihres Partners geben wird, da die Kinder immer als eine Art Bindeglied zwischen ihren Eltern fungieren werden.

Die Kinder eines Mannes in einer Patchwork-Familie scheinen besonders zu stören, wenn dessen Partnerin (noch) keine eigenen hat oder aber auch nach der Geburt eines gemeinsamen Kindes. Haben die Frauen kein eigenes Kind aus einer vorangegangenen Beziehung, schleicht sich bei ihnen oft ein Defizitgefühl im Vergleich zur Mutter der Kinder ihres Partners ein. Diese hat etwas, was der zweiten fehlt, nämlich bereits eine Familie mit Kindern, von der auch deren neuer Partner immer ein Teil bleiben wird.

Es ist nicht abwegig, dass Sie bisweilen Hass und Eifersucht auf diese Kinder empfinden. Besonders wenn Sie mit den Kindern in einem Haushalt leben, kann es immer wieder zu Konflikten kommen. Aber auch wenn Sie die Kinder nur an den Wochenenden sehen, sind Schwierigkeiten vorprogrammiert. In beiden Fällen sind die Probleme zwar andere, aber so gut wie immer existent.

Sandra (30) kam mit den Kindern ihres Partners Peter eigentlich immer recht gut klar. Doch seit ihre eigene Tochter auf der Welt ist, beginnen sie seine Kinder immer mehr zu stören. Die Zeit, die ihr Partner mit diesen verbringt, scheint ihrer eigenen Familie zu fehlen, und auch das Benehmen der Kinder bringt immer mehr Probleme mit sich. Früher fand sie es nicht so schlimm, wenn ihre Tischmanieren zu wünschen übrig ließen, sie ständig mit ihren Smartphones spielten oder jedes Computerspiel besaßen. Sie mischte sich nie in die Erziehung ihres Partners ein und unternahm an den Besuchswochenenden der Kinder meist Dinge mit Freunden. Peter verbrachte dann die Zeit allein mit seinen Kindern. Doch seit der Geburt ihrer eigenen Tochter hat Sandra Angst, dass die Halbgeschwister einen schlechten Einfluss auf die Kleine ausüben könnten.

Wenn Kinder an den Besuchswochenenden ihren Vater voll für sich vereinnahmen, kann dies auch zu Problemen führen. Sie fühlen sich aus dem innigen Verband ausgeschlossen und finden keinen Platz in diesem innersten familiären Kreis zwischen Vater und Kindern. Das kann Sie natürlich sehr verletzen, besonders wenn Sie sich um die Kinder auch selbst sehr bemühen. Werden Sie fast völlig ignoriert und wird nur der Vater beachtet, tut das weh. Deutlicher kann man Ihnen kaum signalisieren, welch untergeordnete Rolle Ihnen im Leben seiner Kinder zugedacht ist. Wiederum werden Sie daran erinnert, dass die Kinder nicht Ihre eigenen sind und deren wirklichen Bezugspersonen der Vater und die biologische Mutter sind. Dies ist meist altersunabhängig. Kleine Kinder werden Ihre Umarmungen und Küsse ablehnen, ältere vielleicht sogar ein nettes Gespräch mit Ihnen. Es ist klar, dass so etwas traurig macht und den Mut nimmt. Wut und eine stärkere Distanz zum Kind können die Folge sein. In vielen Fällen wird es schwer sein, mit dem Partner über diese Thematik ein konstruktives Gespräch zu führen, da für ihn die gemeinsame Zeit mit den Kindern natürlich sehr wichtig ist und er unter Umständen auch Angst hat, sie zu verlieren, wenn die Zeit, die sie miteinander verbringen, nicht perfekt verläuft. Versuchen Sie es trotzdem und sprechen Sie mit ihm über Ihre Gefühle. Vielleicht versteht er Sie sogar und ist dann bemüht, Sie mehr einzubinden und in das Geschehen zu integrieren.

TIPP! Das Verhalten von Kindern ist auch nicht konstant. Je nach Tagesverfassung sind sie zugänglicher und Ihnen gegenüber aufgeschlossener und netter oder abweisender und verschlossener. Ärgern Sie sich also nicht, wenn das Kind das eine Mal lieb und anhänglich ist und nicht von Ihrer Seite weicht und Sie am nächsten Wochenende ausgrenzt, wo immer es geht, und alles daran setzt, Ihnen zu signalisieren, dass Sie nicht dazugehören. Reagieren Sie nicht gleich beleidigt oder aggressiv. Bedenken Sie immer, dass die Liebe zwischen Erwachsenen und jene zu den Kindern zwei völlig unterschiedliche Gefühlswelten sind. Ihr Partner, der Kinder mit in die Beziehung bringt, ist meist selbst mit seinem Gefühlsleben überfordert. Da seine Kinder in den meisten Fällen bei deren biologischen Müttern bleiben, wird er zu einem „Teilzeit-Vater“. Ihr Mann hat vielleicht Schuldgefühle, dass die Kinder nun nicht mehr so viel Zeit mit ihm verbringen können, weil er es war, der sich von deren Mutter getrennt hat. Er ist daher oft auch zu nachsichtig und lässt den Kindern zu viel durchgehen, um als guter Vater dazustehen. Die beschränkte Zeit, die sie mit ihm verbringen, will er zu einer möglichst schönen machen. Deshalb bemüht er sich auch, seinen Kindern an diesen Tagen den Großteil seiner Aufmerksamkeit zu schenken.

Natürlich gibt es auch Kinder, die ganz bewusst ein ablehnendes Verhalten einsetzen, um Sie, die neue Partnerin des Vaters, zu verletzen oder noch besser zu vertreiben. Sie betrachten Sie als Eindringling in ihre Familie, und es wäre ihnen lieber, wenn ihre Eltern noch zusammen wären. Dies wird durch Sie nun unmöglich, und die Kinder machen Sie, wenn oft auch unbewusst und natürlich vollkommen ungerechtfertigt, dafür verantwortlich, dass ihre Eltern getrennt bleiben. Dann ist Ihr Partner gefordert, seine Kinder in einfühlsamer Form darüber aufzuklären, dass Sie nun die Frau an seiner Seite sind und es auch bleiben werden.

Thomas hat zwei Kinder aus erster Ehe, denen er ein guter Vater sein möchte. Er hat die Familie vor zwei Jahren wegen Nina verlassen und seitdem immer wieder Schuldgefühle den Kindern, aber auch seiner Exfrau gegenüber. Elsa und Susanne verbringen jedes Wochenende bei Thomas und Nina. Alle drei sprechen über Erlebnisse aus der Vergangenheit, die Mutter der Kinder, also Thomas Ex, und Urlaubspläne, die Nina überhaupt nicht zu inkludieren scheinen. Thomas weiß, dass Nina zwei Wochen ans Meer fahren möchte, verspricht aber seinen Töchtern für genau diesen Zeitraum einen Wanderurlaub in den Alpen. Nina ist fassungslos. Sobald Elsa und Susanne weg sind, stellt sie Thomas zur Rede.

Vielleicht sind die Kinder aber auch eifersüchtig auf Sie, weil sie nun die Liebe ihres Vaters mit Ihnen teilen müssen. Schlagen Sie Ihrem Partner vor, auch hin und wieder etwas alleine mit den Kindern zu unternehmen. Auch wenn es Ihnen vielleicht schwerfällt, nicht immer dabei zu sein, hat dies auch seine Vorteile. Sie können Dinge tun, für die Sie sonst keine Zeit haben, und stehen nicht im Zentrum der Ablehnung durch seine Kinder.

Probleme kann es auch geben, wenn Sie mit dem Vater der Kinder zwar schon länger in einer glücklichen Patchwork-Familie leben und die Kinder so lange lieb und verträglich waren, bis auch ihre Mutter einen neuen Partner hatte. Wenn dieser sich mit den Kindern nicht versteht, werden diese mehr zu ihrem Vater und damit zu Ihnen tendieren. Vielfach müssen Sie in diesem Fall auch als Zufluchtsort fungieren, wo die Kinder über ihre Probleme mit den neuen Ereignissen in ihrem Leben reden können. Dies bedeutet aber, dass Sie und Ihr Partner viel mehr Zeit und Energien für die Betreuung der Kinder aufwenden müssen.

Ihr Partner steht dazwischen

Natürlich wünscht sich fast jede Frau einen Partner ohne „Vorbelastungen", besonders dann, wenn sie noch jung ist und keine eigenen Kinder hat. Dann ist das Verständnis für das Kind des Partners mit einer anderen oft gering. Haben Sie bereits eigene und gemeinsame Kinder, ist es durchaus möglich, dass Sie sich ganz auf diese konzentrieren und Ihre Zeit ausschließlich Ihrer neuen Familie widmen möchten. Da stört natürlich ein „Relikt" aus der Vergangenheit, da es Energien raubt und Spannungen auslösen kann. Denken Sie immer daran, dass Ihr Mann zwischen zwei Stühlen sitzt und es ihm einfach nicht gelingen kann, es allen recht zu machen. Natürlich liebt er sein Kind aus der anderen Beziehung genauso und möchte so viel Zeit wie möglich mit ihm verbringen. Er hat vielleicht auch ein schlechtes Gewissen wegen der Trennung und will nun möglichst viel wiedergutmachen. Andererseits will er auch Sie nicht enttäuschen. Schließlich liebt er Sie ebenso und möchte ja auch, dass er es diesmal mit der neuen Familie schafft. Er ist gefangen in seinen Emotionen, und wenn Sie nicht riskieren wollen, dass er sich irgendwann von Ihnen abwendet, müssen Sie Bereitschaft zeigen, ihm ein wenig entgegenzukommen.

Das Kind ist Teil der Biografie Ihres Partners, und Sie können es nicht wegzaubern. Vielleicht wurde er durch seine Existenz sensibler und sanfter und erstmals fähig, Gefühle zu zeigen und emotional zu reagieren. Vielleicht ist es ihm auch nur durch sein eigenes Kind möglich, auch Ihr in die Beziehung mitgebrachtes Kind zu akzeptieren, weil er bereits gelernt hat, Verantwortung als Elternteil zu tragen. Seine Geschichte hat ihn geprägt und zu dem Mann gemacht, in den Sie sich verliebt haben. Also lernen Sie, mit seinem Kind zu leben, die Besuchswochenenden so gut wie möglich zu überstehen und, falls das Kind bei Ihnen wohnt, eine angenehme und freundliche häusliche Atmosphäre zu schaffen.

Gelingt Ihnen das nicht, ist es in Ordnung, wenn Sie Ihrem Partner offen sagen, dass Sie Probleme mit seinem Kind haben. Wenn Sie dies nachvollziehbar begründen, wird er Ihnen das auch nicht vorhalten können. Es ist letztlich Ihre Entscheidung, welchen emotionalen Stellenwert ein Patchwork-Kind in Ihrem Leben einnehmen soll. Nur sollten Sie Ihrem Partner bereits zu Beginn Ihrer Beziehung klar signalisieren, dass Sie nicht an einem gemeinsamen Familienleben mit seinem Kind interessiert sind und weder emotionale noch räumliche Nähe wollen. Ihr Partner muss die Wahl haben, ob er sich auf so ein Arrangement einlassen möchte oder nicht. Ein solches Modell lässt viele konfliktgeneigte Situationen gar nicht erst entstehen, andererseits könnte sich ein Mann in so einem Fall in möglichen schwierigen Phasen mit seinem Kind auch alleingelassen fühlen. Wenn Sie sich daher dazu entscheiden, sein Kind nicht in Ihr Leben zu integrieren, müssen sie auch damit rechnen, dass Ihr Partner die Beziehung beendet, auch wenn er Sie noch so liebt. Auf Dauer kann für viele Männer eine solche Konstellation nämlich nicht gutgehen, da sie sich immer zwischen der Frau und dem Kind zerrissen fühlen werden. Das Gefühl zu haben, dass Sie einen Teil von ihm ablehnen und ihn nicht akzeptieren, wie er nun einmal ist, also ein Vater mit einem Kind, kann in ihm Ressentiments gegen Sie aufbauen und die Beziehung massiv belasten. Er ist vermutlich davon ausgegangen, dass Sie auch bereit sind, sein Kind als Teil des gemeinsamen Lebens anzunehmen, und könnte sich durch Ihr ablehnendes Verhalten sehr leicht enttäuscht fühlen. Um ihn besser verstehen zu können, überlegen Sie einfach, wie es Ihnen ginge, wenn ein Mann Ihr Kind nicht akzeptieren würde. Hätten Sie wirklich Interesse an einem gemeinsamen Leben mit ihm?

TIPP!

Haben Sie negative Gefühle Ihrem Patchwork-Kind gegenüber, lassen Sie diese zunächst einmal zu. Sie zu verdrängen, macht alles noch viel schlimmer. Fühlen Sie sich auch nicht schlecht oder ungerecht.

Versuchen Sie aber möglichst schnell herauszufinden, was genau Ihren Hass und Ihre Wut auslöst und sehen Sie, ob es nicht doch vielleicht Lösungsmöglichkeiten für Ihre Probleme gibt. Es ist grundsätzlich in Ordnung, das Kind Ihres Partners nicht zu mögen. Wie Sie sich allerdings ihm gegenüber verhalten, welches letztlich auch unschuldig in diese Situation geraten ist, liegt in Ihrer aktiven Verantwortung. Sie sollten dem Kind daher zumindest mit einer freundlichen Distanz begegnen. Ansonsten werden die Probleme rund um sein Kind die Beziehung immer weiter belasten. Sehen Sie tatsächlich keinen Ausweg, bleibt am Ende nur die Trennung von Ihrem Partner. Ist es wirklich das, was Sie wollen?

Checkliste

Nehmen Sie sich Zeit und beantworten Sie folgende Fragen:

Ich mag mein Patchwork-Kind nicht, weil	**JA**	**NEIN**
es mich immer an die Vergangenheit meines Partners erinnert	☐	☐
es seiner Mutter so ähnlich sieht/ist	☐	☐
es ständig über seine Mutter spricht	☐	☐
es häufig über seine mütterlichen Großeltern/Verwandten spricht	☐	☐
es mich nicht mag	☐	☐
es in mir einen Eindringling sieht, der seine Familie zerstört hat	☐	☐
es mich weg haben möchte	☐	☐
es möchte, dass seine Eltern wieder zusammen sind	☐	☐
es ständig über Dinge spricht, die es mit seiner Familie unternommen hat, als die Eltern noch zusammen waren	☐	☐
es sich mir gegenüber unmöglich benimmt	☐	☐

es ganz schlimme Erziehungsmängel hat	☐	☐
es sich meinen eigenen Kindern/seinem Halbgeschwisterchen gegenüber nicht nett verhält	☐	☐
es sich niemals an Arbeiten in unserem Haushalt beteiligt	☐	☐
es sich von mir von hinten und vorne bedienen lässt, wenn es bei uns ist	☐	☐
es hübscher ist als meine eigenen Kinder	☐	☐
es intelligenter ist als meine eigenen Kinder	☐	☐
es sympathischer ist als meine eigenen Kinder	☐	☐
es beliebter ist als meine eigenen Kinder	☐	☐
es viel wohlhabender aufwachsen kann als meine eigenen Kinder	☐	☐
mein Partner ihm gegenüber Zahlungsverpflichtungen hat und unserer Familie dieses Geld fehlt	☐	☐

Sehen Sie sich Ihre Antworten an und überlegen Sie mit Hilfe der folgenden Fragestellungen, ob es Möglichkeiten gibt, wie Sie dem Kind Ihres Partners gegenüber weniger Abneigung empfinden können. Schreiben Sie Ihre Gedanken auf und lesen Sie sich Ihre Überlegungen nach einigen Tagen nochmals durch. Dann sprechen Sie mit Ihrem Partner darüber und versuchen Sie, gemeinsam einen Lösungsweg zu finden.

Wofür kann das
Kind nichts?

Was liegt in der Mitverantwortung Ihres Partners?

Über welche möglichen (Verhaltens)-änderungen kann man als Familie diskutieren?

Wo gibt es Chancen für eine Kompromisslösung?

Wo müssen Sie Ihr eigenes Verhalten dem Kind gegenüber überdenken und vielleicht verändern?

Sie sind nicht die Mutter seiner Kinder

Ganz im Unterschied zur vorangegangen Situation sind Sie vielleicht eine Patchwork-Mutter, die das Kind Ihres Partners wirklich liebt. Das Kind ist Ihrem Partner vielleicht sehr ähnlich, und Sie erkennen bei ihm sehr viele Eigenschaften, die Sie auch an Ihrem Mann so lieben. Ganz von selbst entwickeln sich Muttergefühle in Ihnen, und Sie wünschen sich nichts mehr, als dass das Kind Ihre Gefühle erwidert. Es soll Sie genauso lieben wie seine biologische Mutter – oder am besten noch viel mehr und auch Sie „Mama" nennen. Doch Kinder tun dies meistens nicht, schon gar nicht freiwillig, auch wenn Sie sich noch so um sie bemühen. Das Kind Ihres Partners hat bereits eine Mutter, die es liebt. Sie werden immer nur die Patchwork-Mutter bleiben, auch wenn Sie noch so sehr darum kämpfen, in der Gefühlswelt des Kindes mit der biologischen Mutter gleichzuziehen. Mit an Sicherheit grenzender Wahrscheinlichkeit wird ein solcher Fall nie eintreten. Nicht einmal, wenn die biologische Mutter nicht mehr präsent ist, weil sie den Kontakt zu dem Kind abgebrochen hat oder verstorben ist, sehnt es sich automatisch nach jemandem, der ihre Rolle einnimmt. Ganz im Gegenteil. Viel häufiger tritt der Fall ein, dass das Kind zumindest zu Beginn gar nicht will, dass sein Vater wieder eine neue Frau an seiner Seite hat. Schließlich bedeutet deren Präsenz automatisch, dass es keine Wiedervereinigung der Eltern mehr geben wird. Dies ist aber etwas, was sich die meisten Kinder zumindest über einen bestimmten Zeitraum hinweg wünschen, im Gegensatz zu einer fremden Frau, die die Mutter zu verdrängen scheint. Denkbar ist auch, dass die Rolle der Mutter bis zu Ihrem Eintreffen gar nicht von der biologischen übernommen, sondern von der Großmutter oder Tante des Kindes ausgeübt wurde. Auch in diesem Fall müssen Sie davon ausgehen, dass sich diese durch Sie nicht so einfach von ihrer Position vertreiben und Ihnen bedingungslos das Kind überlassen wird.

Auch wenn Ihre Patchwork-Familie weitgehend funktioniert, besteht die Möglichkeit, dass Sie (immer wieder) mit Zurückweisungen rechnen müssen. Kinder lieben ihre Eltern und fühlen sich ihnen gegenüber loyal und verpflichtet, selbstverständlich auch ihren Müttern. Deshalb halten manche von ihnen zu ihren Patchwork-Müttern bewusst Abstand. Wenn dies auch auf Sie zutrifft, werden die Kinder, wenn Sie bei Ihnen und ihrem Vater zu Besuch sind, vermutlich nur oberflächliche Kontakte pflegen und hauptsächlich mit ihrem Vater interagieren. Dies kann sich im Laufe der Zeit zum Positiven ändern, aber auch verschlechtern, besonders wenn eine negative Einflussnahme durch die Mutter unverändert groß bleibt.

Natürlich spielt immer auch das Alter der Kinder eine wesentliche Rolle. Treten sie in Ihr Leben, solange sie noch sehr klein sind, besteht eine bessere Chance, eine Art mütterliche Beziehung zwischen Ihnen und Ihren Patchwork-Kindern aufzubauen. Dies ist bei älteren Kindern wesentlich schwieriger. Diese haben oft kein großes Interesse, sich auf einen neuen Patchwork-Elternteil einzulassen. Vor allem Jugendliche in der Pubertät zeigen sich mitunter sehr ablehnend. Sie sind selbst gerade dabei, sich vom Elternhaus zu lösen. Außerdem haben sie meist eine längere Familiengeschichte oder gemeinsame Geschichte mit dem allein erziehenden Elternteil hinter sich. Hier darf man als Patchwork-Elternteil nicht zu viel erwarten. Sie sollten sich aber dennoch bemühen, eine Beziehung anzubieten und aufzubauen.

Wenn Sie seine Kinder mit Ihrer Zuneigung bedrängen oder gar versuchen, die Liebe der Kinder durch besonders teure und exklusive Geschenke zu gewinnen, wird dies ziemlich sicher auch nicht zum gewünschten Erfolg führen. Liebe kann man weder erzwingen noch erkaufen, und in Konkurrenz zur Mutter zu treten, die unter Umständen weniger für Geburtstage und Weihnachten ausgeben kann als Sie, ist ebenfalls kontraproduktiv. Ein Kind wird sich selbst für die schönsten Geschenke von Ihnen nicht von seiner Mutter abwenden, sicher aber in Gewissenskonflikte geraten. Oft wird es Ihre diesbezüglichen Bemühungen auch schlichtweg ablehnen. Außerdem werden Sie die Wut der Mutter auf sich ziehen, vermutlich auch den Zorn Ihres Partners, der Ihr Verhalten sicher nicht gutheißen wird. Besser ist es daher, Ihre Geschenke an die Traditionen der Erstfamilie anzupassen, auch wenn dies schwerfällt. Größere Geschenke sollten immer in Absprache oder noch besser gemeinsam mit dem Vater gemacht werden.

Letztlich steht die Rolle als Patchwork-Mutter auch dafür, keine Verantwortung als Mutter übernehmen zu müssen. Müttern wird neben einer bedingungslosen Liebe für ihren Nachwuchs das Beschützen, Versorgen und Behüten der Kinder abverlangt. All dies ist automatisch mit dem gängigen Verständnis von Mutterschaft verbunden und nicht immer nur auf die ersten Jahre des Kindes beschränkt. Eine Patchwork-Mutter hat hingegen immer wieder die Chance, einen Freiraum zum Innehalten, zur Orientierung und bei Bedarf zur Neuausrichtung zu nutzen. Von ihr wird gar nicht verlangt, sich wie eine Mutter zu verhalten. Sie kann daher mit der erforderlichen Distanz auf Probleme und Konflikte blicken und damit helfen, schneller Gründe und Ursachen zu erkennen. Eine geringere emotionale Involvierung bedeutet ja keineswegs Interesse- oder gar Lieblosigkeit den Kindern des Partners gegenüber.

Dies bedeutet, dass auch wenn Sie das Kind Ihres Partners innig lieben, Sie nicht seine Mutter sind und es auch nie sein werden. Damit müssen Sie sich einfach abfinden. Das Kind hat bereits eine Mutter, die es in jedem Fall mehr liebt als Sie. Sie werden einem Vergleich mit der biologischen Mutter nicht standhalten können. Er wird immer zu Ihren Ungunsten ausgehen. Versuchen Sie erst gar nicht, die „bessere" Mutter zu sein. Ihre Rolle ist nun einmal eine andere. Dringen Sie daher auch nicht in Sphären ein, die den Kindern und ihren biologischen Müttern vorbehalten sind. Dazu zählen die Begleitung am ersten Schultag, die gemeinsame Abiturfeier oder der Kauf eines Kleides zur Erstkommunion bzw. Konfirmation. Versuchen Sie, Ihre Eifersucht in den Griff zu bekommen, und entwickeln Sie keine Neidgefühle auf etwas, was Sie nun einmal nicht ändern können.

Versuchen Sie niemals, in die Mutterrolle zu schlüpfen, sondern akzeptieren Sie Ihren Part als Patchwork-Mutter. Legen Sie Ihre Gefühle für das Kind aber auch nicht auf Eis, weil es diese nicht im erwünschten Maße erwidert. Ziemlich sicher werden Sie das einmal bereuen. Vielleicht vergeben Sie dadurch nämlich die Chance auf eine wundervolle, für beide Seiten bereichernde Beziehung zu einem jungen Menschen. Akzeptieren Sie, dass für Kinder ein wenig Distanz auch einen gewissen Schutz vor einer Verwirrung ihrer Emotionen bedeutet und sie vor Schuldgefühlen ihrer Mutter gegenüber bewahrt.

Dennoch müssen Sie auch auf sich selbst achten. Steigern Sie sich nicht hinein in falsche Emotionen und Gefühle, sondern suchen Sie ein passendes Maß an Zuwendung, damit Ihnen Enttäuschungen erspart bleiben, Sie aber dennoch angemessene Gefühle für die Kinder Ihres Partners zulassen können.

TIPP!

- Sie können die Mutter der Kinder niemals ersetzen. Unterlassen Sie daher diesbezügliche Versuche.
- Geben Sie den Kindern Zeit, um sich an die neue Situation zu gewöhnen.

- Verstehen Sie, dass es Kindern oft nicht leicht fällt, Sie nach dem Trennungsschmerz und dem Verlust ihrer einst intakten Familie als Patchwork-Mutter zu akzeptieren.
- Sind Sie nicht gleich enttäuscht, wenn Sie zu Beginn der Beziehung noch keine allzu wichtige Rolle im Leben der Kinder spielen.
- Akzeptieren Sie die Kinder und mögen sie Sie sogar, können Sie sich sehr glücklich schätzen. Bedenken Sie aber, dass die Kinder ihre eigene Mutter immer lieber haben werden als Sie.
- Versuchen Sie nicht, in Bereiche einzudringen, die für die biologische Mutter und ihre Kinder reserviert sind.
- Bestehen Sie auf Respekt, tun Sie dies aber in einer liebevollen und verständnisvollen Form.

Wer bezahlt was?

Zieht Ihr neuer Partner mit Ihnen zusammen und bringen Sie oder er Kinder mit in die Beziehung, die auch mit Ihnen gemeinsam wohnen sollen, kann sich die Frage ergeben, wer welche Kosten übernimmt. Haben Sie zwei Kinder, übernehmen Sie die Hälfte der Wohnkosten oder Dreiviertel, da Ihr Partner alleine kommt? Wie sieht es dann an Wochenenden aus, wenn seine Kinder auch bei Ihnen sind? Bezahlt er dann anteilsmäßig für deren Aufenthaltsdauer? Wie ist es mit Lebensmitteln? Wie mit anderen Anschaffungen des täglichen Lebens? Müssen Sie sich finanziell mitverantwortlich für seine Aufwendungen und die Ausgaben für seine Kinder fühlen? Muss er überall mitzahlen, obwohl Sie eigentlich ohnehin Alimente des biologischen Vaters erhalten?

All diese Fragen stellen sich gar nicht, wenn Ihre neue Familie keine finanziellen Probleme hat. Leistet der Vater Ihrer Kinder großzügig und regelmäßig seine Zahlungen, verdient Ihr neuer Partner gut, will die Ex kein Geld von ihm und haben auch Sie einen lukrativen Job, ist die Wahrscheinlichkeit, dass Geld zum Thema wird, relativ gering. Anders ist es allerdings, wenn dieses an allen Ecken und Enden fehlt.

Carina (39) ist mit Klaus (42) verheiratet und hat mit ihm zwei Kinder im Vorschulalter. Klaus hat aus seiner ersten Ehe noch zwei weitere Kinder. Carina leidet unter dem Umstand, dass Klaus mit einer anderen Frau ebenfalls Kinder hat. Sie fühlt sich um ihre Einzigartigkeit betrogen, denn alles, was Klaus und sie mit ihren gemeinsamen Kindern erleben, sind für ihn bereits bekannte Erfahrungen. Auch die monatlichen Zahlungen sind ihr ein Dorn im Auge, da sie das Gefühl hat, dass dieses Geld ihrer eigenen Familie fehlt. Dies lässt sie Klaus auch spüren, weshalb sich die ganze Situation äußerst negativ auf die Beziehung auswirkt. Carina fühlt sich benachteiligt und sieht sich als „Zweite", für die emotional und finanziell nur noch bleibt, was vom ersten Mal „übrig gelassen" wurde.

Geld ist neben der Kindererziehung, der Sexualität und Problemen mit den jeweiligen Herkunftsfamilien einer der Hauptgründe, weshalb Paare streiten. Auch wenn am Beginn einer Beziehung oftmals ignoriert wird, dass es diesbezüglich jemals zu Unstimmigkeiten kommen kann, erweist sich die mangelnde Beachtung dieses Faktors im Laufe der Zeit häufig als gefährliche Falle. Eigentlich empfiehlt es sich, noch vor dem Zusammenziehen mit einem neuen Partner alles Finanzielle sehr genau abzuklären. Meistens machen Frauen aber den Fehler, dass sie vor lauter Glück über diese wunderbare Wendung in ihrem Leben davon ausgehen, dass sich schon alles einspielen wird, sobald man einmal gemeinsam lebt. Im Allgemeinen ist dies allerdings nicht der Fall, sondern es entwickeln sich oft Probleme, mit denen man zuvor niemals gerechnet hätte. Dabei sollte die Bedeutung der finanziellen Situation der neuen Familie nie unterschätzt werden. Stellt diese einen entscheidenden Problemfaktor dar, kann ein glückliches Familienleben nur sehr schwer gelingen. Geringere ökonomische Belastungen begünstigen nämlich laut Forschungsergebnissen auch den Erfolg von Patchwork-Familien.

Anton lebt mit seiner neuen Frau Elke und deren zwei Kindern in einer Mietwohnung. Er hat selbst drei Kinder, die häufig das Wochenende mit seiner neuen Familie verbringen. Anton bezahlt regelmäßig Unterhalt für die beiden und muss auch noch seiner Exfrau, die an Depressionen leidet und daher nicht arbeiten kann, Unterhalt bezahlen. Obwohl er als Bauleiter recht gut verdient, bleibt ihm wenig zum Leben. Elke und er teilen sich die Lebenshaltungskosten für sich und Elkes Kinder und bezahlen an den Besuchswochenenden von Antons Kindern auch alles gemeinsam. Während Antons Kinder seiner Meinung nach gelernt haben, bescheiden zu leben, haben Elkes Töchter einen weniger sparsamen Lebensstil. Sie nehmen täglich Vollbäder, wechseln bis zu dreimal die Kleidung, die dann sofort in die Waschmaschine kommt, und schalten regelmäßig den halbvollen Geschirrspülautomaten ein. Anton hat große Probleme mit diesem in seinen Augen unnötig verschwenderischen Verhalten. Elkes Töchter beklagen sich über seinen Geiz, und es gibt immer wieder Konflikte. Elke weiß um die finanziellen Probleme ihres Partners, versteht aber dessen „Kleinlichkeit bei solchen Dingen" auch nicht. Schließlich ist sie ja auch bereit, an den Wochenenden seine Kinder zu versorgen, und bezahlt meist den größeren Anteil bei den gemeinsamen Urlaubsreisen.

Getrennte oder geschiedene Männer, die noch dazu Kinder haben, sehen sich oft größeren finanziellen Herausforderungen gegenüber, als solche, die kinderlos sind. Diese Tatsache ist insofern von Bedeutung, als sie Einfluss auf Ihre Beziehung mit so einem Mann nehmen kann. Geldgekoppelte Probleme, die Ihre Partnerschaft belasten können, treten etwa auf, wenn Ihr Mann Schulden abzubezahlen hat, die sich in seiner vorigen Ehe oder Lebensgemeinschaft anhäuften. Dabei können Kredite offen sein, Hypotheken auf ihre Tilgung warten, Zahlungen für die Kinder zu leisten sein und der Exfrau Unterhalt zustehen. Auch gutverdienende Männer können solche finanziellen Belastungen oft nur schwer bewältigen. Bei den meisten reißen solche Verpflichtungen aus der Vergangenheit oft ein großes Loch ins monatliche Budget. Dies bedeutet, dass auch Sie zurückstecken müssen. Denn selbst wenn Sie gut verdienen und sich problemlos Reisen, teure Restaurantbesuche und schicke Designermode leisten können, heißt das nicht, dass Ihr Partner es ebenfalls kann. Die Kreuzfahrt, auf die Sie sich vielleicht monatelang gefreut haben, wird für ihn sehr schnell zu einer unbewältigbaren finanziellen Hürde. Ihnen bleibt daher nur die Wahl, entweder alleine das Mittelmeer zu erkunden, was kaum das sein wird, was Sie wirklich wollen, ihm seinen Anteil mitzufinanzieren, was mit hoher Wahrscheinlichkeit ziemlich an seinem Ego kratzen wird, oder aber gemeinsam nach einer Urlaubsvariante zu suchen, die sein Budget schont und Ihnen beiden dennoch schöne gemeinsame Tage beschert. Zufriedenstellend ist das für Sie sicher nicht. Es ist vielleicht kein Problem, zuweilen einen solchen Kompromiss einzugehen, aber jedes Mal zurückzustecken, nur weil Ihr Partner aufgrund von Zahlungsverpflichtungen anderen gegenüber nicht mitzuhalten imstande ist, könnte über kurz oder lang ernste Auswirkungen auf Ihre Beziehung haben. Noch problematischer wird es, wenn Sie sich mit Ihrem Partner vielleicht eine Eigentumswohnung kaufen oder ein Haus bauen wollen. Geht mehr als sein halbes Einkommen in die „Vergangenheit", wird all dies kaum verwirklichbar sein. Außerdem werden Ihre gemeinsamen Kinder immer mit Ihren Halbgeschwistern teilen müssen, die nun einmal nicht Ihre, sondern nur seine Kinder sind.

Oft kann ein akzeptabler Lebensstandard in Patchwork-Familien nur aufrechterhalten werden, wenn Frauen bereit sind, eine überdurchschnittliche Summe in das gemeinsame Leben zu investieren. Alle Extras, wie ein neues Auto, Urlaube, Sprachreisen für die Kinder oder auch die Miete für eine größere Wohnung, sind dann primär von ihnen zu erarbeiten.

Vielleicht hat auch Sie die Realität eingeholt, obwohl Sie so sehr davon überzeugt waren, dass Ihre Liebe zu Ihrem Mann über alles siegt. Geld ist in jeder Beziehung von Bedeutung, und jedes Paar sollte immer offen darüber sprechen. Während Zahlungen für Kinder einsichtig sind und kaum jemand deren Wichtigkeit und Richtigkeit bezweifeln wird, sieht es mit dem Unterhalt von Exfrauen schon ganz anders aus. Es ist nicht einfach zu verstehen, dass jeden Monat ein Teil des Gehaltes Ihres Partners direkt an die Ex überwiesen werden muss. Schließlich ist seine Beziehung mit ihr vorbei, manchmal schon seit langer Zeit, und trotzdem bleibt er gerichtlich zu regelmäßigen Zahlungen verpflichtet. Mit anderen Worten geht Geld, das eigentlich ebenso wie das von Ihnen verdiente Ihrer gemeinsamen Familie zur Verfügung stehen sollte, an eine andere Frau. Ohne dass Sie sich etwas zuschulden kommen ließen, sind Sie nun gezwungen, Geld mit einer anderen zu teilen.

Die Gründe dafür, dass der Mann zahlen muss, sind vielfältig. Sind die Kinder noch klein, wird es für die Ex sehr schwer möglich sein, als alleinerziehende Mutter eine adäquate Stelle zu finden und gleichzeitig die Kinder gut zu versorgen. Auch wenn die Exfrau in der Vergangenheit zu Hause blieb, um sich um die gemeinsamen Kinder zu kümmern, hat sie gute Chancen, Unterhalt zugesprochen zu bekommen. Sie ging keiner Erwerbstätigkeit nach und ist nun vielleicht zu alt, um noch einen passenden Job zu finden. Dies gilt auch, wenn die Ex physisch krank ist oder an psychischen Problemen leidet. Im Gegensatz zu Zahlungen für die Kinder, die irgendwann einmal ein Ende finden, da diese selbsterhaltungsfähig werden, bleiben die Ansprüche der Ex meist für immer bestehen. Nur wenn die Ex wieder heiratet oder eine neue Lebensgemeinschaft eingeht, erlöschen im Allgemeinen auch die Zahlungsverpflichtungen.

Wenn Ihr Mann verpflichtet ist, monatlich einen bestimmten Betrag an seine Exfrau abzuführen, können Sie dies nicht ändern. Auch wenn das Geld Ihrer eigenen Familie hinten und vorne fehlt und Sie täglich darum kämpfen, diese so einigermaßen über die Runden zu bringen, müssen Sie die Umstände akzeptieren, wie sie sind. Das kann sogar so weit gehen, dass die Ex das Geld Ihres Partners gar nicht wirklich braucht, sondern er ihr ein sorgenfreies, wohlhabendes Leben finanziert, zu dem sie selbst nichts beiträgt. Ganz besonders schlimm ist es, wenn die Exfrau den eigenen Kindern wesentlich mehr bieten kann als Sie den Ihren. Ärgern Sie sich trotzdem nicht. Das ändert nämlich nichts, sondern schadet nur Ihnen und Ihrer Beziehung.

Fragen Sie sich, ob Sie mit den Zahlungsverpflichtungen Ihres Partners leben können und wollen. Ansonsten bleibt Ihnen nur die Trennung von diesem Mann, wenn Sie sich nicht jeden Monat über etwas ärgern oder streiten wollen, was außerhalb Ihrer Einflusssphäre steht. Anders verhält es sich, wenn er freiwillig mehr bezahlt, als er eigentlich müsste. Gründe dafür könnten etwa in seinem schlechten Gewissen liegen oder in Gefühlen des Mitleids, die er noch immer für seine Ex empfindet. In so einem Fall haben Sie sehr wohl das Recht, ihn diesbezüglich zur Rede zu stellen. Es ist nun einmal Geld, das Ihrer Beziehung fehlt und für dessen Zahlung keine Verpflichtung besteht. Fragen Sie sich auch, ob Sie eine Beziehung mit einem Mann wollen, der noch immer nicht mit seiner Vergangenheit abgeschlossen hat. Ist er freiwillig zu zusätzlichen Zahlungen bereit, hat die Ex für ihn nämlich nach wie vor eine bestimmte Bedeutung. Immerhin ist er bereit, Geld, das Ihnen beiden zustünde, ihr zu geben, da er ganz offensichtlich von sich aus Verantwortung für eine Person übernimmt, für die er solche Verpflichtungsgefühle nicht mehr empfinden dürfte. Auch Argumente, wie „Sie ist schließlich die Mutter meiner Kinder", müssen Sie nicht gelten lassen. Er hat ja ohnehin für die Ex und seine Kinder die gerichtlich vorgegebene Summe zu bezahlen. Finanziert er mehr, brauchen Sie dies nicht zu tolerieren. Ganz besonders dann nicht, wenn Sie auch gemeinsame Kinder haben. Man kann seine Großzügigkeit natürlich auch als nette Geste und menschliche Haltung Ihres Partners werten, nur muss klar sein, dass Sie damit einverstanden sind. Stört Sie die Tatsache, dass er nicht nur Unterhalt bezahlt, sondern sich auch weiter verantwortlich für das Wohlergehen der Ex fühlt, sollten Sie das unbedingt thematisieren. Schließlich haben Sie Anspruch darauf, dass sich Ihr Partner ganz Ihnen und Ihrer Beziehung widmet und die Vergangenheit auch in finanzieller Hinsicht so weit wie möglich ruhen lässt.

Einige Männer versuchen auch, sich aus den Schuldgefühlen der Ex und den Kindern gegenüber im Zusammenhang mit der Trennung oder Scheidung „herauszukaufen". In solchen Fällen verwöhnen Männer ihre Kinder mit Kleidung, Spielzeug oder Aktivitäten, die oft sehr kostspielig sind. Sie kaufen ihnen vieles, was sie gar nicht brauchen, und finanzieren auch der Ex immer wieder spezielle Wünsche. Damit werden Grenzen verletzt, die Sie, sofern Sie davon betroffen sind, auch ansprechen sollten. Tun Sie dies in einer netten Atmosphäre und weisen Sie keine Schuld zu. Machen Sie aber deutlich, dass Sie dieses Verhalten Ihres Partners stört und Sie sich wünschen, dass zusätzliche Zahlungen an die Ex unterbleiben. Wenn Ihr Partner meint, er könne mit seinem Geld tun und lassen, was er will, ist das grundsätzlich richtig. Allerdings kann mit einer solchen Haltung niemals die Basis für eine gemeinsame glückliche Familie mit Ihnen geschaffen werden. Diese muss allerdings auch für ihn oberste Priorität haben, auch wenn es um die Finanzen geht.

Kinder sind sehr teuer und können das Budget Ihres Partners massiv belasten. Es sind nicht nur die Alimentationszahlungen, sondern oft fallen auch noch zusätzliche Kosten für sportliche Aktivitäten, Hobbys der Kinder, außergewöhnliche Zahlungen für Zahnärzte oder schulische Veranstaltungen und später für das Studium an. Aber auch Familienurlaube verteuern sich, da mehr Hotelzimmer und zusätzliche Sitze im Flugzeug benötigt werden. Diese werden selten von den Müttern beglichen, sondern bleiben meist als zusätzliche Belastungen an den Vätern hängen. Für Sie und Ihre Familie sind dies weitere Einschnitte im Familienbudget.

Größere Schulden aus der vergangenen Beziehung, die in Ihre Partnerschaft mitgebracht werden, sollten Ihre besondere Beachtung finden, da sie zusätzlich zu den bereits erwähnten Problemen wirklich einen Strich durch Ihre Lebensplanung machen können. Muss Ihr Partner noch Jahre für das Haus bezahlen, welches er damals gemeinsam mit seiner Ex gebaut hat und in dem sie jetzt lebt, kann dies bedeuten, dass Sie Ihren Traum vom eigenen Heim meist vergessen können, außer Sie sind imstande, es sich allein mit Ihrem Einkommen zu leisten.

Natürlich gibt es Möglichkeiten zu sparen. Es ist billiger, selbst zu kochen, als in eleganten Restaurants zu essen, Urlaube am Campingplatz kosten weniger als solche in Fünf-Stern-Hotels und ein VW Golf ist preiswerter als ein Mercedes. Dennoch stößt auch die Bereitschaft, wegen anderer Personen ein Leben lang sparen zu müssen, bei vielen Frauen an natürliche Grenzen. Jede hat andere Vorstellungen und Bedürfnisse, wenn es um Geld geht. Finden Sie heraus, welchen Stellenwert diese Thematik in Ihrer konkreten Situation hat, um sicherzugehen, dass das Leben in einer Patchwork-Familie für Sie auch langfristig das ersehnte Glück bringt.

Sie sollten daher ganz genau über die Vermögensverhältnisse Ihres Partners Bescheid wissen. Wie viel muss er für seine Kinder bezahlen, wie viel für die Ex, wie hoch sind seine gegenwärtigen Schulden und wie sicher ist sein Job? Stellen Sie für sich klar, ob Sie bereit sind, auf einen gewissen Luxus zu verzichten, der Ihnen von einem Mann mit Belastungen aus der Vergangenheit kaum geboten werden kann. Dies bedeutet nicht nur, dass er Ihnen vermutlich finanziell kaum etwas anbieten wird können, sondern auch nicht mithalten kann bei Dingen, die Ihnen vielleicht wichtig sind und für Sie bislang selbstverständlich waren, wie etwa der jährliche Skiurlaub in der Schweiz, die Woche in der Karibik oder der Besuch bestimmter Festspiele mit Logenplatz. Er wird Sie vermutlich, wenn überhaupt, nur sehr selten begleiten können.

Verfallen Sie aber keinesfalls ins Helfersyndrom. Natürlich sollen Sie Ihren Partner moralisch unterstützen, ihm zuhören und zur Seite stehen. Tun Sie dies aber nicht mit Geld. Es ist nicht Ihre Aufgabe, die Schulden aus seiner Vergangenheit mitzutragen. Spielen Sie nicht seine Retterin. Das führt nur dazu, dass er sich Ihnen gegenüber unterlegen fühlt. Gleichzeitig entwickeln Sie in Ihrem Innersten vermutlich Ressentiments ihm gegenüber, da er nicht imstande ist, seine Probleme selbst in den Griff zu bekommen. Scheitert die Beziehung und kann er das von Ihnen vorgestreckte Geld nicht zurückzahlen, verlieren Sie nicht nur den Mann, sondern auch noch Ihr Geld. Lassen Sie ihn daher seine Probleme selbst regeln und unterstützen Sie ihn, indem Sie ihm mit Rat zur Seite stehen, niemals aber finanziell.

TIPP!

Empfinden Sie negative Gefühle bezüglich der finanziellen Situation in Ihrer Patchwork-Familie, lassen Sie diese fürs Erste einmal zu. Es ist durchaus legitim, dass Sie sich Veränderungen wünschen. Sehen Sie sich anhand der folgenden Checkliste die einzelnen Problempunkte in Ruhe an und überlegen Sie, was sich verbessern lässt. Natürlich werden Sie auch auf Bereiche stoßen, die sich nun einmal nicht ändern lassen. Sie werden Zahlungsverpflichtungen an die Kinder Ihres Mannes oder sogar an dessen Ex-Partnerin leider hinnehmen müssen, auch wenn Ihnen das noch so schwerfällt. Entscheidend ist daher, wie Sie mit Ihren negativen Emotionen und Gedanken umgehen. Üben Sie sich in Gelassenheit! Versuchen Sie zu akzeptieren, was Sie nicht ändern können.

Drei-Konten-Prinzip

Kommt es trotz klärender Gespräche mit Ihrem Partner immer wieder zu Streitigkeiten bezüglich des Geldes, weil Sie beide ein vollkommen unterschiedliches Verständnis von Wirtschaftlichkeit und Sparsamkeit haben, ist es besser, kein gemeinsames Konto einzurichten. Vielmehr bietet sich an, dass beide Partner die alleinige Verfügungsmacht über ihre bestehenden Konten behalten und sie gemeinsam ein weiteres eröffnen, auf welches jeder monatlich einen bestimmten Betrag einbezahlt, mit dem dann das gemeinsame Leben bestritten wird. Dabei ist es möglich, dass die Summe für beide ungefähr gleich ist, was allerdings nur dann fair sein wird, wenn Sie in etwa gleich viel verdienen und auch die notwendigen Ausgaben in ähnlicher Höhe sind. Ansonsten ist es zielführender, eine genaue Aufstellung über die jeweiligen Einkünfte und monatlichen Ausgaben zu machen. Am gerechtesten ist es, wenn in Folge beide anteilsmäßig ihren Beitrag für das Leben der Familie leisten. Über das restliche Geld sind Sie einander nicht rechenschaftspflichtig und können damit machen, was Sie möchten. Zwar wird dieses Modell das monatliche Familieneinkommen nicht erhöhen, allerdings ärgern Sie sich dann nicht mehr über die unverantwortliche Großzügigkeit, den Geiz oder die unüberlegten Ausgaben Ihres Partners. Die Grundbedürfnisse der Familie sind so gedeckt, und über Ihr eigenes verbliebenes Geld entscheiden ausschließlich Sie selbst.

Checkliste

Nehmen Sie sich Zeit und beantworten Sie folgende Fragen:

Es gibt mit meinem Partner oft Streit ums Geld, weil	JA	NEIN
er zu sorglos damit umgeht	☐	☐
er viel zu viel ausgibt	☐	☐
er unnütze Dinge kauft	☐	☐
er geizig ist	☐	☐
er bei den falschen Dingen spart	☐	☐
er zu viel Geld für sich selbst verbraucht	☐	☐
er zu viel Geld für seine Kinder ausgibt	☐	☐
er seiner Ex immer wieder Geld gibt, obwohl er gar nicht müsste	☐	☐
seine Unterhaltszahlungsverpflichtungen zu hoch sind und er nichts dagegen unternimmt	☐	☐

er versucht, die Liebe seiner Kinder zu erkaufen	☐	☐
fast sein ganzes Geld an die erste Familie geht und für uns kaum etwas bleibt	☐	☐
ich mit meinem Einkommen alles finanzieren muss, was das Leben lebenswert macht (z.B. Urlaube), da er uns nichts mehr bieten kann	☐	☐
er für seine hohen Fixkosten einfach zu wenig verdient, sich aber weigert, noch einen Nebenjob zu suchen	☐	☐
ich das Gefühl habe, in unserer Familie finanziell draufzuzahlen	☐	☐
sich seine Ex auf unsere Kosten ein bequemes Leben macht, während ich arbeiten muss	☐	☐
sich seine Ex und ihr neuer Freund auf unsere Kosten ein bequemes Leben machen	☐	☐
seine Ex immer mehr Geld von ihm fordert und auch vor gerichtlichen Schritten nicht zurückschreckt	☐	☐
er noch immer Kontakt zur Ex hält, obwohl er ohnehin jeden Monat genug an sie überweist	☐	☐
er mir, was das Geld betrifft, immer wieder Vorgaben machen möchte	☐	☐
er mir vorwirft, nicht sparsam genug zu sein	☐	☐
ich oft daran denke, wie es wäre, endlich keine Geldsorgen mehr zu haben	☐	☐
ich oft daran denke, wie es wäre, einen reicheren Mann zu haben	☐	☐

Sehen Sie sich Ihre Antworten an und überlegen Sie mit Hilfe der folgenden Fragestellungen, ob es Möglichkeiten gibt, wie Sie Ihre Konflikte rund ums Geld in den Griff bekommen. Schreiben Sie Ihre Gedanken auf und lesen Sie sich Ihre Überlegungen nach einigen Tagen nochmals durch. Sprechen Sie auch mit Ihrem Partner darüber und versuchen Sie, gemeinsame Lösungswege zu finden.

Was können Sie ändern, was nicht?	
Wo besteht Handlungsbedarf Ihres Partners?	
Wo gibt es Chancen auf eine Kompromisslösung?	
Wo müssen Sie Ihre kritische Haltung Ihrem Partner gegenüber nochmals überdenken?	
Wo müssen Sie Ihr eigenes Verhalten in Hinblick auf finanzielle Bereiche überdenken und vielleicht verändern?	

Die Exfrau

Wenn die Exfrau stört ...

Wird die Ex des Partners für die neue Patchwork-Familie zum Problem, ist dies oft darauf zurückzuführen, dass sie noch immer unter den Folgen der Trennung leidet. Sie kann sich durch die Erziehung der Kinder überfordert fühlen, finanzielle Probleme haben und auch mit beruflichen oder gesundheitlichen Schwierigkeiten zu kämpfen haben. Sie hat den Verlust ihrer Familie zu betrauern und findet sich nach ihrem zerplatzten Lebenstraum nun als Alleinerziehende wieder, die in vielen Situationen ganz auf sich gestellt ist. Ihre eigenen Bedürfnisse haben kaum Bedeutung, weil dazu die Zeit und entsprechende Energien fehlen. Exfrauen sehen sich oft als wertlos an, hadern damit, wenn sie verlassen wurden, und fühlen sich nicht selten wie ausgetauscht und weggeworfen. Oft benötigen sie zur Bewältigung der Trennung sogar professionelle Hilfe.

Ziemlich sicher haben die neuen Frauen an der Seite ihrer Exmänner zudem Attribute, die ihnen fehlen. Vielleicht sind diese jünger und attraktiver, was bei Exfrauen nicht selten Minderwertigkeitsgefühle auslöst. Viele Frauen sind auch voller Wut auf Ihren Ex, der ein neues Leben mit einer anderen begonnen hat, während sie allein zurückbleiben. Nun müssen sie endgültig mit der Vergangenheit und ihrem alten Leben abschließen. Sie haben sich einzugestehen, dass sie mit ihrem Lebenstraum von einer intakten Familie gescheitert sind.

Da Kinder meist den Großteil der Zeit mit ihren Müttern verbringen, haben diese, besonders wenn die Kinder noch sehr klein sind, kaum Gelegenheit, wieder einen neuen Partner zu finden. In ihren Augen lebt der Ex-Partner ein glückliches, unbeschwertes Leben mit seiner neuen Frau, während sie selbst harte Alltagskämpfe zu bestehen haben. Da fällt es schwer, ausgerechnet den Nachfolgerinnen das neue Lebensglück zu gönnen, das ihnen selbst versagt zu sein scheint.

Nur selten gibt es freundschaftliche Trennungen. Immer verlässt einer den anderen. Ganz ohne Wut, Gefühle und Ressentiments geht daher kaum eine Beziehung auseinander. Wenn der Mann die Familie verlassen hat, sind die negativen Gefühle der Ex gut nachvollziehbar. Aber auch wenn sie es war, die ging, waren es aller Wahrscheinlichkeit nach schwerwiegende Gründe, warum sie sich zu diesem

Schritt entschloss. Der Mann, mit dem sie ihr Leben leben wollte, entsprach offensichtlich keineswegs ihren Vorstellungen. In jedem Fall bleibt auch sie enttäuscht zurück und kann durchaus von Missgunst auf das neue Leben des Ex-Partners gesteuert sein. Das ist besonders dann der Fall, wenn Sie der Trennungsgrund sind oder er sich sehr bald nach der Trennung in Sie verliebt hat. Aber auch wenn dies alles nicht zutrifft und Sie erst Jahre später in sein Leben treten, kann die Exfrau Gefühle der Wut empfinden, wenn es diesmal für Ihren Exmann in der neuen Beziehung mit Ihnen passt. Bauen auch noch ihre Kinder eine gute Verbindung zu Ihnen auf, kann dies die Exfrau noch mehr gegen Sie aufbringen. Vielleicht hat sie auch Zukunftsängste, weiß nicht, wie es für sie als nun alleinstehende und oft alleinerziehende Frau weitergehen soll. Manchmal hat sie auch Angst, dass Sie als neue Frau an der Seite ihres Exmannes nicht die ideale Umgangsperson für ihre Kinder sind. Es könnte unterschiedliche Erziehungsvorstellungen geben, aber auch die Werte und Lebenseinstellungen können stark differieren.

Gehört die Ex Ihres Partners vielleicht zu jenen Frauen, die immer wieder versuchen, dem Vater die gemeinsamen Kinder zu entziehen? Steht ein Besuchswochenende an, behauptet sie auffällig oft, dass das Kind lernen müsse, krank sei, bei einer Freundin übernachten möchte oder einfach nicht zum Vater will? Dann kann dies genauso ärgerlich sein, als würde sie die Kinder bei Ihnen immer dann abgeben, wenn ihr gerade danach ist – unabhängig davon, ob es für Sie und Ihren Partner passt oder Sie ganz andere Pläne haben, als zwei Extra-Tage mit seinen Kindern zu verbringen.

Verschiedene Typen von Exfrauen

Zwar gibt es auch Exfrauen, die nett und unproblematisch sind, ihr Leben im Griff haben und an einer konstruktiven, freundschaftlichen Beziehung zu Ihnen und Ihrem Partner interessiert sind. Häufiger sind allerdings jene, die negativ auf die neue Familie einwirken. Sie können entweder offen aggressiv reagieren, unterschwellig und subtil beeinträchtigend fungieren oder die Position des Opfers einnehmen und die Leidende mimen, wobei jede Variante gleich störend und belastend sein kann.

Sind Sie mit einer Exfrau konfrontiert, die sich offen aggressiv verhält, ist dies meist besonders unangenehm. Vielleicht erhalten Sie regelmäßig Anrufe von ihr, in denen sie Sie beschimpft und auffordert, die Finger von „ihrem" Mann zu lassen.

Möglicherweise bekommen Sie auch E-Mails oder Briefe, wo sie Ihnen vorwirft, ihre Ehe zerstört zu haben. Noch schlimmer ist es, wenn sie versucht, Sie an ihrer Arbeitsstelle zu diffamieren oder im Familien- und Freundeskreis schlechtzumachen. Viele Exfrauen verbreiten Lügen über die Neue ihres Exmannes und manipulieren ganz offensichtlich ihre Kinder mit dem Ziel, sie aus deren Leben zu vertreiben. Eine weitere Taktik von aggressiven Exfrauen ist es, den Kontakt der Kinder zu ihrem Vater zu reduzieren oder diese ganz offen gegen ihn und die neue Frau aufzuhetzen. Sie sind erst zufrieden, wenn sich die Kinder wirklich immer mehr von der neuen Familie ihres Vaters distanzieren.

Etwas weniger aggressiv, aber ebenfalls unerträglich sind Exfrauen, die ganz kurzfristig Abmachungen ändern und damit große Schwierigkeiten verursachen können. Wenn alles vorbereitet ist für einen Wochenendtrip mit den Kindern und die Exfrau im letzten Moment die Pläne durchkreuzt, weil sie vorgibt, dass die Kinder krank sind und nicht mitkommen können, bedeutet dies großen Ärger. Umgekehrt kann es auch sein, dass gar kein Besuchswochenende bevorsteht und Sie sich auf ein paar entspannte Tage mit Ihrem Partner freuen. Plötzlich läutet das Telefon und die Exfrau kündigt an, die Kinder ausnahmsweise gleich vorbeizubringen, da sie auf ein Klassentreffen möchte. Das war es dann mit dem Wochenende zu zweit ...

Isabella (48) lebt seit fünf Jahren mit Jürgen (46) zusammen und sie planen zu heiraten. Seine Exfrau Anita (46) hat die Scheidung auch nach vier Jahren noch nicht verkraftet. Lange versuchte sie, diese überhaupt zu verhindern. Als sie durch ihre Kinder von den Plänen ihres Exmannes erfährt, beginnt sie einen richtigen Rachefeldzug gegen Isabella zu führen. Sie hat bis zuletzt gehofft, dass Jürgen zu ihr zurückkehren würde, und macht Isabella schlecht, wo immer es geht. Sie erzählt ihren ehemaligen Schwiegereltern Unwahrheiten über sie und behauptet, dass Isabella deren Enkelkinder schrecklich behandle und Jürgen vernachlässige. Außerdem geht Anita vor Gericht, um höheren Unterhalt einzufordern, was jedoch abgelehnt wird. Dies macht sie noch wütender, weshalb sie nun regelmäßig in der Privatschule anruft, in der Isabella als Lehrerin arbeitet, um weitere Lügen über sie zu verbreiten. Auch einige Eltern, die zu ihrem Bekanntenkreis zählen, hetzt sie gegen Isabella auf. Nach einigen Gesprächen mit der Direktorin beschließt Isabella, sich an einer neuen Schule zu bewerben, um auf diese Weise den ständigen Anfeindungen durch Anita zu entgehen.

Der subtileren Störvariante begegnen Sie dann, wenn Beschimpfungen und Drohungen zwar ausbleiben und auch Ihr Patchwork-Kind nicht offen gegen Sie opponiert, es aber ständig Einmischungen von Seiten der Exfrau gibt. Zehn Anrufe an den Besuchswochenenden, nur um angeblich sicherzustellen, dass es dem Kind wohl gutgeht, der Wunsch nach wöchentlichen Treffen mit dem Vater, um schulische Angelegenheiten zu besprechen, deren Klärung im Grunde nur ein kurzes Telefonat benötigen würde, oder die Verwicklung in endlose Gespräche mit ihm, wenn er die Kinder zu ihr zurückbringt, sind einige Beispiele für mögliche lästige Interventionen der Ex.

Silvia (40) und Stefan (42) sind seit drei Jahren geschieden, und Stefan lebt seit zwei Jahren mit Michaela (35) zusammen. Immer wenn er die beiden Kinder aus erster Ehe am Sonntagabend zu Silvia nach Hause bringt, hat sie bereits für alle gekocht.

Stefan sieht sich gezwungen, mit hineinzukommen und sich an den ehemals gemeinsamen Mittagstisch zu setzen. Das Abendessen läuft immer ab wie früher, als sie noch eine Familie waren. Auch die Gespräche werden entsprechend gestaltet, und Silvia achtet sehr darauf, dass Stefan gemeinsam mit ihr Entscheidungen trifft, allerdings nicht nur bezüglich der Kinder. Sie fragt ihn auch hinsichtlich geplanter Anschaffungen um Rat und drängt sogar darauf, Beziehungsprobleme mit Michaela zu besprechen. Silvia redet auch den beiden Kindern ein, dass sie ja doch noch alle zusammengehören. Inzwischen wartet Michaela auf Stefan, der meistens erst nach mehr als zwei Stunden wieder zurückkommt. Dies macht sie sehr wütend, und sie versteht nicht, warum er da mitmacht. Schließlich möchte sie mit ihm den Sonntagabend verbringen und hat kein Interesse daran, dass er so enge Kontakte mit seiner Exfrau pflegt. Stefan tut dies als lächerlich ab und bezeichnet sie als eifersüchtig und besitzergreifend. Michaela fühlt sich verletzt, und fast jeden Sonntag gibt es Streit.

Die dritte Variante ist jene, in welcher sich die Exfrau als bedauernswertes Opfer der Umstände fühlt. Ihr wurde der Mann weggenommen, sie blieb allein zurück und muss sich nun auch noch um die gemeinsamen Kinder kümmern. Zudem macht sie alle glauben, dass sie kaum mit dem Geld auskommt, das ihr der allzu geizige Ex an Unterhalt bezahlt. Ihr Ziel ist es, Mitleid zu erheischen und gleichzeitig Sie als Verursacherin ihrer misslichen Lebensumstände hinzustellen. Ein Teil des ehemaligen Freundeskreises wird sie in dieser Hinsicht auch unterstützen und sich vermutlich von Ihrem Partner distanzieren. Auch innerhalb der Familie kann sie oft auf Verständnis hoffen, was bedeutet, dass Sie im familiären Kreis vielleicht nicht wirklich erwünscht sind. Noch problematischer wird es, wenn die Kinder davon betroffen sind. Für diese ist es sehr schwer zu verkraften, ihre Mutter leiden zu sehen. Folgerichtig werden sie in Ihnen die „Täterin" sehen, die sie für den Zustand der Mutter verantwortlich machen. Es muss nicht weiter erwähnt werden, dass sich dies natürlich äußerst negativ auf die Beziehung zwischen Ihnen und den Kindern auswirken wird. Alle Kinder wollen ihre Eltern glücklich sehen und wenn die vermeintliche Ursache für das Unglück der Mutter so offensichtlich scheint, müssen Sie häufig mit offener Ablehnung rechnen. In diesem Fall kann auch Ihr Partner nur wenig ausrichten, da er auf die Befindlichkeiten seiner Exfrau kaum Einfluss nehmen kann.

Wohl aber können Sie darauf bestehen, dass er sich von ihren Launen nicht erpressen lässt. Auch wenn es ihr schlecht geht, ist dies noch lange kein Grund, dass er sie regelmäßig besucht, täglich anruft oder gar gemeinsam mit ihr Familienfeiern besucht. Selbst wenn sie die Mutter seiner Kinder ist, ist es Ihr gutes Recht, klare Grenzen einzufordern. Im einen oder anderen Anlassfall zu helfen ist die eine Sache, ständig bereitzustehen eine ganz andere. Sie müssen sich auf keinen Fall von den Gemütszuständen seiner Ex schikanieren lassen. Und auch Ihrem Partner ist es zuzumuten, einen klaren Schlussstrich unter seine Vergangenheit mit dieser Frau zu ziehen. Dies bedeutet, dass Sie ein Recht auf eine glückliche und unbelastete Beziehung mit dem Mann haben, den Sie lieben, ohne dass Störfaktoren aus längst vergangenen Tagen mitschwingen. Wichtig ist es auch, mit seinen Kindern darüber zu sprechen und ihnen dabei zu helfen, die Situation ihrer Mutter besser zu verstehen. Geht es ihr wirklich schlecht, wird man für Hilfe sorgen. Schlüpft sie in die Opferrolle, um Sie und andere zu manipulieren oder gar zu terrorisieren, sind ihr klare Grenzen aufzuzeigen.

Carina (50) wurde von ihrem Exmann Günter (60) verlassen, der sich entschied, den Rest seines Lebens mit Kerstin (42) zu verbringen. Carina und Günter haben zwei Kinder, die beide studieren und in regelmäßigem Kontakt mit beiden Eltern stehen. Bei sämtlichen Telefonaten und jedem Besuch ihrer Kinder beklagt Carina, wie sehr sie seit der Trennung von Günter leidet. Sie sucht ständig Ärzte auf, die bestätigen sollen, wie schlecht es um sie steht. Die Kinder machen sich große Sorgen um die Mutter und fordern vom Vater, sich mehr um sie zu kümmern. Kerstin hat wenig Verständnis dafür, schließlich sind die beiden geschieden. Sie möchte, dass sich Günter ganz auf ihr gemeinsames Leben konzentriert und ihr großes Glück genießt. Günter möchte keine Konflikte mit seinen Kindern und hat zudem Schuldgefühle Carina gegenüber. Schließlich hat er sie wegen einer anderen, jüngeren Frau verlassen.

Die Situation eskaliert, als Günter und Kerstin auf dem Weg zum Flughafen sind, um ihren Urlaub anzutreten. Sie wollen vierzehn Tage nach Mauritius fliegen und freuen sich schon sehr darauf. In der Abflughalle erreicht sie ein Anruf von Günters Tochter, die ihnen mitteilt, dass die Mutter einen Nervenzusammenbruch erlitten hat. Sie bittet ihren Vater, nicht zu fliegen und zur Mutter ins Krankenhaus zu kommen. Günter entschließt sich, dem Wunsch seiner Tochter nachzukommen, und ersucht Kerstin um Verständnis für diese Entscheidung. Kerstin ist so wütend, dass sie an Trennung denkt, sollte sich an der Beziehung zwischen Günter und seiner Exfrau in Zukunft nichts ändern.

Auch wenn die aktiven Störversuche der Exfrau mit der Zeit abnehmen dürften, ist es immer unangenehm, damit konfrontiert zu werden. Irgendwann versteht allerdings jede, dass es vorbei und nichts mehr daran zu ändern ist. Je früher sich die Exfrau mit ihrer Situation arrangiert und vielleicht selbst wieder eine neue Beziehung hat, umso umgänglicher wird sie sein. Dann gibt es ja weniger Grund für Neid- und Eifersuchtsgefühle auf Sie und ihren Exmann.

TIPP!

Keine Frau möchte ständig das Gefühl haben, dass die Schatten der Vergangenheit immerwährend vorhanden sind. Jede wünscht sich eine unbelastete Gegenwart und Zukunft und ein exklusives

Beziehungsglück mit ihrem Partner. Auch wenn seine Kinder für immer Teil der neuen Familie sein werden, gilt dies definitiv nicht für seine Exfrau. Solange die gemeinsamen Kinder noch klein sind, werden ihretwegen häufigere und engere Kontakte zwischen Ihrem Partner und seiner Ex notwendig sein. Doch auch dann sollte es ausschließlich um die Kinder und nicht um sie gehen. Versuchen Sie mit Ihrem Partner über Ihre Gefühle zu sprechen. Sagen Sie ihm, dass es Sie verletzt, dass er sich mit ihr regelmäßig auf einen Kaffee trifft und Sie nicht wollen, dass er die schulischen Probleme Ihrer eigenen Kinder ausgerechnet mit dieser Frau bespricht. Es ist durchaus möglich, dass er sich gar nicht bewusst ist, was sein Verhalten in Ihnen auslöst.

„Wir, uns, unser..."

Unsere Wohnung, unsere Kinder, unser Leben und noch viele andere „Unser" und „Wir" können auch dazu beitragen, Patchwork-Mütter unglücklich zu machen, und zwar immer dann, wenn sich das „Unser" und „Wir", von dem Ihr Partner spricht, nicht auf das gemeinsame Leben mit Ihnen bezieht, sondern auf das vergangene mit einer anderen Frau. Vielleicht hat auch Ihr Partner die Angewohnheit, noch nach vielen Jahren des gemeinsamen Lebens mit Ihnen die Pronomen „wir" und „unser" zu verwenden und sich dabei gar nicht auf sie beide zu beziehen. Alleine durch diesen Sprachgebrauch wird Ihnen jedes Mal wieder verdeutlicht, dass es Gemeinsames, Verbindendes und Vertrautes bereits einmal vor Ihnen mit einer anderen gab. Auch wenn Sie sich dessen selbstverständlich bewusst sind, kann es durchaus sein, dass Sie nicht ständig und schon gar nicht durch seine Worte daran erinnert werden wollen. Für Sie sind das „Wir" und das „Unser" nun einmal solche, die nur Sie beide verbinden sollen. Exklusiv für Ihre Beziehung haben diese Worte nun zu stehen. Es klingt wie eine missbräuchliche Verwendung, wenn Ihr Partner diese in besagtem anderen Kontext verwendet. Nun wird es besonders zu Beginn einer Patchwork-Beziehung immer wieder vorkommen, dass sich Männer so ausdrücken. Seien Sie geduldig und verzeihen Sie dies das eine oder andere Mal. Sprechen Sie Ihren Partner aber unbedingt darauf an, dass Sie diese Diktion stört. Es ist in Ordnung, wenn Sie das „Wir" und das „Uns" für sich und Ihren Partner reserviert haben wollen. Männer sind diesbezüglich weniger sensibel und auch empfindlich und weisen dieser sprachlichen Verwendung kaum emotionalen Wert zu. Für sie ist es nicht mehr als ein Faktum, dass in vergangenen Jahren diese Pronomen eben in einer anderen Konstellation galten. Dass eine Weiterverwendung dieser Bezeichnung für Vergangenes für viele Frauen verletzend sein kann, verstehen die wenigsten. Dennoch ist es Ihr gutes Recht, dies anzusprechen und Ihren Partner zu bitten, solche Bezeichnungen zu unterlassen, wenn Sie dies belastet.

Rivalitäten, Zweifel und Eifersucht

Haben Sie das Gefühl, dass die Exfrau attraktiver, erfolgreicher und wohlhabender ist? Fühlen Sie sich im Vergleich zu ihr minderwertig? Dann hören Sie auf, sich mit ihr zu vergleichen. Dies bringt niemandem etwas, selbst wenn die andere objektiv gesehen wirklich die Schönere, Intelligentere und Interessantere ist. Wenn Ihr Partner seine Exfrau verlassen hat, war sie trotz ihrer vielen positiven Attribute eben nicht die Richtige für ihn. Er hat sich für Sie entschieden, und das hat seinen Grund. Er sieht in Ihnen einfach die bessere Lebenspartnerin. Und nur das zählt. Sicher vergleichen Sie auch seine Kinder mit ihrer Mutter. Erscheint Ihnen diese sportlicher als Sie, vielleicht umgänglicher und lustiger? Akzeptieren Sie auch das, schließlich ist es die Mutter. Allerdings müssen Sie nicht hinnehmen, dass die Kinder Sie diesbezüglich beleidigen.

Andrea (46) lebt seit fünf Jahren mit Oskar (42) zusammen und hat ein höchst gespanntes Verhältnis zu seinen drei Töchtern aus erster Ehe. Für sie sind sie das Bindeglied zu seiner Exfrau, mit der Oskar durch die Kinder auf immer verbunden bleibt. Jedes Mal, wenn diese anwesend sind, wird über deren Mutter, längst vergangene Zeiten und anderes aus der „alten" Familie gesprochen. Andrea fühlt sich völlig ausgeschlossen, da sie niemals Teil dieses Lebens war. Zudem weiß sie, dass Oskar noch immer wichtig ist, wie es seiner Ex geht. Er begründet seine Sorge damit, dass nur dann auch das Wohlergehen seiner Kinder sichergestellt ist, wenn die Ex gesund ist und ihr Leben im Griff hat. Wenn es der Mutter schlecht geht, leiden automatisch auch die Kinder. Andrea bezweifelt dies gar nicht, findet es aber dennoch überflüssig, dass Oskar regelmäßig mit der Ex telefoniert, um angeblich die Kinder betreffende Belange abzuklären. Den Gesprächen ist aber zu entnehmen, dass Oskar durchaus auch Anteil nimmt am Leben seiner Ex, mit Interesse ihren Erzählungen lauscht und auch regelmäßigen Treffen nicht abgeneigt ist. Dann unternimmt die „alte" Familie gemeinsame Aktivitäten, um den Kindern zumindest hin und wieder das Gefühl zu geben, dass die Eltern befreundet sind und gut miteinander auskommen, auch wenn man nicht mehr zusammen wohnt. Oskar beteuert immer wieder, keinerlei Gefühle mehr für seine Ex zu empfinden und all dies nur der Kinder wegen zu tun. Schließlich wolle er seiner Verantwortung und Verpflichtung als Vater bestmöglich nachkommen, und dies sei seiner Meinung nach der ideale Weg. Mehrfach dachte Andrea schon an Trennung, da sie nicht bereit ist, ihren Mann auf diese Weise mit seiner „Vergangenheit" zu teilen.

Wurde Ihr Partner von der Exfrau verlassen, kann in Ihnen sehr leicht das Gefühl entstehen, dass Sie nur ein Ersatz für die andere, also zweite Wahl im Leben Ihres Mannes sind. Es ist ganz normal, dass Sie sich fragen, ob er noch mit ihr zusammen wäre, wenn sie nicht gegangen wäre. Aber selbst in diesem Fall kann Ihnen das grundsätzlich vollkommen egal sein. Anders verhält es sich nur, wenn er nach wie vor über diese Frau schwärmt oder ihr noch immer nachtrauert. Dann ist dies ein klarer Anlass, sein Verhalten anzusprechen. Sie haben ein Recht darauf, um Ihrer selbst willen geliebt zu werden und nicht als Lückenbüßerin fungieren zu müssen, weil Ihr Partner eine andere nicht haben kann. Sollte sich die Haltung Ihres Mannes diesbezüglich nicht ändern, wäre wirklich zu überlegen, ob Sie die Beziehung mit ihm wirklich weiterführen wollen.

Vergleichen Sie nicht ständig

Ansonsten sollten Sie aufhören, sich mit seiner Ex zu vergleichen! Selbst wenn Sie in allem besser sein wollen als seine erste Frau, werden Sie zugestehen müssen, dass diese ihre Qualitäten hat. Akzeptieren Sie, dass sie die beruflich Erfolgreichere ist, wesentlich sportlicher wirkt und eine bessere Figur hat. Neidgefühle zu entwickeln, schadet nur Ihnen selbst. Dies macht Sie weder schlanker noch interessanter, sondern eifersüchtig und im schlimmsten Fall verbittert.

Wenn sich Ihr Partner mit Ihnen an seiner Seite „verbessern" konnte, sparen Sie sich Ihre Überheblichkeit. Natürlich dürfen Sie sich darüber freuen, dass Sie die Jüngere und Attraktivere sind. Lassen Sie es die andere aber nicht bei jeder Gelegenheit spüren und betonen Sie dies auch nicht ständig Ihrem Mann oder gar den

Kindern gegenüber. Dieser weiß es ohnehin und ist sicher auch stolz darauf, jetzt mit einer so tollen Frau wie Ihnen zusammen zu sein. Besonders seinen Kindern gegenüber sollten Sie niemals die Defizite ihrer Mutter hervorheben. Sie lieben diese Frau und werden es Ihnen nicht verzeihen, wenn Sie sie schlecht machen.

Es bringt auch niemandem etwas, wenn Sie sich ärgern, dass die Kinder Ihres Partners mit der Ex die hübscheren mit den besseren Noten sind als Ihre eigenen oder jene, die er gemeinsam mit Ihnen hat. Unterstützen Sie Ihre Kinder lieber darin, Selbstbewusstsein aufzubauen und mit Charakterstärke zu punkten. Wenn Sie den Eindruck haben, dass Ihr Mann seine anderen Kinder lieber hat, fragen Sie sich kritisch, ob dies tatsächlich der Fall ist oder Sie sich alles nur einbilden. Zeigt er wirklich Präferenzen, muss dies nicht unbedingt auf eine stärkere Zuneigung zurückzuführen sein, sondern kann auch in Schuldgefühlen begründet sein. Mit Ihren gemeinsamen Kindern lebt er, für diese ist er täglich da, für die anderen nur ein Wochenendvater. Zieht er die eigenen Kinder auch vor, wenn Sie alle in einem Haushalt leben, ist zu hinterfragen, ob nicht Sie dies mit den Ihren oder den gemeinsamen auch tun. Auf jeden Fall sollten Sie das Gespräch mit Ihrem Partner suchen, um ihm Ihre Beobachtungen mitzuteilen und auch klar anzumerken, dass Sie eine Gleichbehandlung aller Kinder wünschen.

TIPP! Bekämpfen Sie Ihre Unterlegenheitsgefühle gegenüber seiner Exfrau. Ansonsten werden Ihre Minderwertigkeitskomplexe langfristig die Beziehung zu Ihrem Mann belasten. Stärken Sie stattdessen Ihr Selbstbesein und hören Sie auf, sich oder Ihre Kinder mit irgendjemand anderem zu vergleichen. Die Beziehung zur Exfrau ist vorbei, und jetzt sind Sie die Nummer Eins im Leben Ihres Partners. Jede Beziehung ist anders und hat ihre eigene Dynamik, weshalb er auch seine Rolle als Vater in Ihrer Familie anders wahrnimmt als in der vorangegangenen. Es wiederholt sich für ihn nicht einfach alles nur, sondern mit ziemlicher Sicherheit hat er mit Ihnen und Ihrem gemeinsamen Kind auch sein großes Glück gefunden. Er zieht zusammen mit Ihnen, der Frau, die er liebt, die gemeinsamen Kinder auf. In sehr vielen Fällen müssen im Gegensatz dazu die Kinder, die er mit der Exfrau hat, einen Großteil der Zeit ohne ihren Vater auskommen. Schon dadurch sind Sie und Ihre Familie massiv im Vorteil. Sie sind in jedem Fall die Privilegierte in dieser

Konstellation. Halten Sie sich dies immer vor Augen, besonders dann, wenn Sie das „Monster der Vergangenheit“ wieder einmal heimzusuchen droht.

Wenn es Sie stört, dass Ihr Partner ständige Kontakte mit seiner Ex pflegt, auch wenn dies gar nicht nötig wäre, da die Kinder längst aus dem Haus sind, sagen Sie ihm das. Es bringt aber nichts, ihm bei jeder SMS von ihr Eifersuchtsszenen zu machen oder tagelang zu schmollen. Das belastet Ihre Beziehung und wird wenig ändern. Vermitteln Sie ihm, was Sie konkret stört, und suchen Sie einen gemeinsamen Kompromiss, mit dem Sie beide gut leben können. Sind Sie eifersüchtig auf die Vergangenheit Ihres Partners, da diese fortwährenden Einfluss auf Ihre Gegenwart und Zukunft haben wird, vergegenwärtigen Sie sich auch, dass der Mann, den Sie lieben, durch eben diese vergangenen Erfahrungen eine Entwicklung durchlief, die ihn zu dem Menschen machte, der er heute ist und in den Sie sich verliebt haben.

Wenn sie ihn zurück will

Was Ihr Partner nicht beeinflussen kann, ist die Möglichkeit, dass ihn die Ex zurückhaben möchte. Vielleicht trauert sie noch dem Ende der Beziehung nach und will nicht wahrhaben, dass mit ihm ein neuer Anfang nicht mehr möglich ist. Auch wenn ein Neubeginn mit ihr absolut keine Option für den Ex ist, schmeicheln ihre Ambitionen vermutlich trotzdem seinem männlichen Ego. Es tut eben gut, von mehreren Frauen begehrt zu werden. Selbst wenn Sie das alles noch so ärgert, gönnen Sie ihm dieses Gefühl, zumal Sie ohnehin genau wissen, dass seine Emotionen für diese Frau vollständig erkaltet sind. Schließlich genießen ja auch Sie die bewundernden Blicke anderer Männer oder hin und wieder einen kleinen Flirt.

Ganz anders verhält es sich allerdings, wenn Ihr Partner noch immer Gefühle für seine Exfrau hat oder Sie berechtigte Befürchtungen haben, dass sich bei den beiden durch regelmäßige Kontakte einst vertraute zwischenmenschliche Emotionen wieder intensivieren könnten. Spielt sie tatsächlich noch eine große Rolle in seinem emotionalen oder auch realen Leben, sprechen Sie ihn direkt darauf an. Kann er Ihren Verdacht nicht entkräften, haben Sie zwei Möglichkeiten. Entweder Sie geben ihm Zeit, die Geschichte mit dieser Frau zu bewältigen und mit der Vergangenheit abzuschließen, oder Sie beenden die Beziehung. Dies ist auch die einzige

Variante, wenn es ihm nicht gelingen sollte, innerhalb eines akzeptablen Zeitraumes seine Gefühle ganz Ihnen zuzuwenden. Ansonsten werden Sie wirklich immer die „Zweite“ in seinem Leben bleiben. Und das wollen Sie nun ganz sicher nicht.

Hat Ihr Partner Schuldgefühle oder meint, seiner Ex helfen zu müssen, damit Sie wieder auf die Beine kommt, kann dies Ihre Beziehung auch sehr belasten. Männer erwarten nämlich nicht selten, dass sie in dieser Hinsicht von ihrer neuen Partnerin unterstützt werden, was natürlich Konflikte vorprogrammiert. Wenn Sie zu den wenigen Frauen gehören, die sein Engagement für seine Ex verstehen und mittragen können, wird dies die Beziehung sicher begünstigen. In diesem Fall wird er Ihnen gewiss sehr dankbar sein und Ihr Verständnis zu schätzen wissen. Wahrscheinlicher ist allerdings, dass Sie von seinem Engagement für die Ex recht wenig halten. Schließlich wollen Sie der Mittelpunkt in seinem Leben sein und die Aufmerksamkeit nicht mit einer anderen Frau teilen müssen. Daher ist es sehr wichtig, dass Sie mit ihm seine Beziehung mit der Ex abklären. Versuchen Sie ihm zu verdeutlichen, was Sie akzeptieren können und was nicht. Bleiben Sie dabei aber realistisch. Gibt es Kinder in dieser Verbindung, wird bis zu deren Volljährigkeit ein regelmäßiger Kontakt bestehen bleiben. Einzufordern, dass die Kinder nur noch von Mittelsmännern an die Ex übergeben oder keine Telefonate mehr mit ihr geführt werden dürfen, ist übertrieben. Hilfe bei Reparaturen am Auto oder in ihrer Wohnung muss er allerdings keine leisten. Dafür gibt es Handwerker, auch wenn sie dafür bezahlen muss. Es ist auch nicht erforderlich, dass er sich regelmäßig mit ihr trifft, wenn Sie dies nicht wünschen. Wenn er dies unbedingt möchte, können Sie durchaus darauf bestehen, ihn zu begleiten. Dies gilt selbstverständlich auch für alle Familienfeierlichkeiten.

Clarissa (46) und Max (50) sind miteinander in zweiter Ehe verheiratet. Clarissas Kinder leben bei ihnen, und die von Max verbringen jedes Wochenende in der Patchwork-Familie. Während Clarissas Exmann auch ein neues Leben begonnen hat und die Kontakte zu ihm konfliktfrei ablaufen, gibt es mit Bettina, der Ex von Max, immer wieder Probleme. Wenn am Abend Max' Handy klingelt, ist mit an Sicherheit grenzender Wahrscheinlichkeit Bettina dran, die wieder etwas von ihm braucht. Einmal funktioniert die Waschmaschine nicht, dann kennt sie sich bei einem Versicherungsvertrag nicht aus oder sie fühlt sich einsam und möchte einfach nur reden. Clarissa wird zunehmend wütender, weil sie stört, dass es Max nicht gelingt, sich abzugrenzen. Benötigt Bettina etwas, ist er zur Stelle. Max hat Mitleid mit ihr, weil er weiß, wie unfähig sie in vielen Belangen ist. Das bereitet ihm oft große Sorgen. Clarissa will das nicht akzeptieren, denn schließlich helfen ihr ja auch die beiden Kinder. Immer öfter gibt es Streit und sowohl Clarissa als auch Max fühlen sich unverstanden.

Die Wohnsituation

Ein besonderer Fall von Konkurrenz tritt ein, wenn die neue Frau in das Eigenheim des Partners einzieht, in dem er zuvor mit seiner anderen Familie gewohnt hat. Hier wird der Einfluss der Ex-Partnerin immer zu spüren sein, da sie maßgeblich an der Gestaltung dieses Lebensraumes beteiligt war. Auch wenn sie nur mehr zu Besuch kommen, sträuben sich Kinder mitunter gegen jegliche Umgestaltung der Räumlichkeiten, da dies einen erheblichen Einschnitt in ihr gewohntes Umfeld bedeuten würde. Wenn immer es Ihnen möglich ist, vermeiden Sie es daher, in das ehemalige Heim Ihres Partners zu ziehen, wenn er dort auch mit seiner Familie gelebt hat. Die Erinnerung ist allgegenwärtig, und sicher wollen Sie nicht immer daran denken müssen, dass der Schrank ein Erbstück von Tante Anna zur ersten Hochzeit Ihres Partners war und die Eltern seiner Ex die teure Küche ausgesucht und bezahlt haben, in der Sie nun kochen sollen.

Überreden Sie Ihren Partner, gemeinsam eine neue Wohnung oder ein anderes Haus zu suchen, in der Sie auch Ihr neues Leben als Paar führen können. Ist er dazu nicht bereit, stellen Sie auf jeden Fall sicher, dass Sie Veränderungen am bestehenden Heim vornehmen können. Tun Sie dies allerdings behutsam und achten Sie auf die Gefühle seiner Kinder. Machen Sie aber allen klar, dass dies nun auch Ihr und Ihrer Kinder Zuhause ist und Sie sich darin ebenfalls wohlfühlen möchten. Sicherlich werden Kompromisse mit Ihrem Partner und dessen Kindern bei der Neugestaltung des gemeinsamen Lebensraumes nötig sein. Zeigen Sie sich offen und sind Sie auch bereit, das eine oder andere Zugeständnis zu machen. Es ist ohnehin nur eine Frage der Zeit, bis seine Kinder in ihr eigenes Leben starten und das Interesse an der Wohnung ihrer Kindheit schwindet.

Verständnis für die Ex?

Die „Beziehung" zwischen Ihnen und der Exfrau wird in den seltensten Fällen von Anfang an harmonisch verlaufen. Solange Sie einander nicht kennen, werden Sie füreinander ein Phantom sein, das viel Raum für Fehleinschätzungen, Vorurteile und vielleicht auch Hassgefühle bietet. Beide sehen die andere unter Umständen auch als Bedrohung oder Konkurrenz.

Vielleicht gelingt es Ihnen mit der Zeit aber, zumindest teilweise die Ängste und Sorgen der Exfrau zu verstehen. Es kann für sie sehr schwer sein, die Kinder in Ihre Obhut zu geben, wenn auch nur über das Wochenende. Einerseits hat sie Angst, dass dem Kind etwas passieren und andererseits, dass es auch mit Ihnen, seiner Patchwork-Mutter, eine enge Beziehung aufbauen könnte. Viele Exfrauen haben nämlich mit der Furcht vor dem Einfluss einer anderen Frau auf ihre Kinder zu kämpfen.

Sie möchte natürlich, dass sich ihre Kinder beim Vater wohlfühlen und sie auch von Ihnen angenommen werden. Andererseits fürchtet sie vielleicht, dass der Vater und Sie einen zu großen Einfluss auf die Kinder ausüben und sich die Kinder zu stark der neuen Familie zuwenden könnten. Nicht selten haben Frauen Angst davor, selbst in einigen Bereichen ersetzt zu werden. Die Ex befürchtet unter Umständen sogar, ihre Kinder an den Vater und Sie zu „verlieren", weil Sie ihnen mehr bieten können oder die stabilere, nettere häusliche Umgebung haben. Oft haben Exfrauen nämlich nicht die finanziellen Möglichkeiten, um ihren Kindern tolle Urlaube zu bieten oder großzügige Geschenke zu machen. Dann fürchten sie, dass sie die Kinder vielleicht nicht mehr so lieben könnten, da ihnen die Welt des Vaters wie ein Leben im Schlaraffenland erscheint.

Vielleicht ergibt sich auch die Gelegenheit, die Ex Ihres Partners besser kennenzulernen. Und möglicherweise finden Sie sie sogar recht nett. Sie können etwa eine gemeinsame Gesprächsbasis über ihre Kinder finden und sich über Ängste und Probleme in Hinblick auf diese austauschen. Sprechen Sie dabei der Exfrau nie die Rolle als wichtigste Bezugsperson im Leben der Kinder ab. Das würde sie verunsichern und aggressiv machen. Stellen Sie stattdessen klar, dass es nicht Ihre Absicht ist, sie als Mutter zu verdrängen. Und wenn Sie mit ihr über Ihren Partner sprechen, dann tun Sie es nicht schwärmerisch, sondern bestenfalls neutral.

Auch wenn Ihr Partner durch Ihr Zusammentreffen mit seiner Ex in eine angespannte Situation gerät und deshalb eine persönliche Begegnung zwischen Ihnen beiden lieber vermeiden möchte, ist es Ihr gutes Recht, diese Frau kennenzulernen. Sie können unter Umständen viele Vorteile aus der Bekanntschaft ziehen, da Ihnen dies ermöglicht, Vorurteile zu korrigieren und ursprüngliche Fehleinschätzungen zurechtzurücken. Vielleicht stillen Sie auch nur Ihre Neugierde und wollen einen Einblick in die „Vergangenheit" Ihres Partners gewinnen. Auch das ist natürlich erlaubt. So lernen Sie nämlich auch ihn besser kennen, und zwar nicht einmal nur über die Gespräche, die Sie mit der Ex ausschließlich über ihn führen. Sie können sein ganzes vorheriges Leben viel genauer einschätzen und ihn auch in mancher Hinsicht besser verstehen lernen. Vielleicht gewinnen Sie durch Kontakte mit der Exfrau auch einen neuen Zugang zu Ihren Patchwork-Kindern.

Will Ihr Partner ein Treffen zwischen Ihnen und der Ex unbedingt verhindern, erkunden Sie den Grund. Hat er Angst, Sie könnten etwas über ihn erfahren, was er Ihnen bislang verschwiegen hat? Will er nicht, dass Sie wissen, was für eine Frau seine Ex wirklich ist? Möchte er das Leben mit Ihnen strikt getrennt halten von seinem vergangenen? Was immer die Ursache sein mag, müssen Sie diese nicht akzeptieren. Seine Exfrau wird immer auch Einfluss auf Ihr Leben haben, weshalb es Ihnen zusteht, sie auch kennenzulernen, wenn Sie das möchten. Da hat Ihr Partner nichts mitzubestimmen.

Vielleicht versucht er aber auch, Sie vor seiner Exfrau zu verstecken. Männer tun dies in erster Linie, um ihre Exfrau zu schützen. So wird sie nicht so direkt mit der Realität einer Neuen an seiner Seite konfrontiert, und er hat weniger Schuldgefühle. Besonders wenn die Ex unter psychischen Problemen leidet und sehr instabil ist, kann er sich zu so einem Vorgehen entschließen. Akzeptieren müssen Sie das nicht! Sie können das Ganze natürlich langsam angehen und eine Zeit lang das Zusammentreffen auf ein Minimum reduzieren. Bleiben Sie eben im Auto sitzen, wenn Ihr Partner die Kinder nach Hause bringt und kaufen Sie nicht unbedingt dort ein, wo Sie seiner Ex mit ziemlicher Sicherheit in die Arme laufen werden. Gehen, wenn Sie kommt, oder sogar „abtauchen" müssen Sie aber auf keinen Fall! Braucht sie therapeutische Unterstützung, soll sie diese in Anspruch nehmen. Es ist nicht Ihre Aufgabe, das eigene Leben nach seiner Ex auszurichten.

Andreas (28) will unbedingt vermeiden, dass Sabine (30), seine neue Frau, seiner geschiedenen, Gabriele (27), begegnet. Diese leidet seit der Trennung unter Depressionen, und Andreas hat Angst, dass ihr sein zur Schau gestelltes neues Beziehungsglück noch weiter schaden könnte. Wenn Gabriele an den Wochenenden die Kinder zu Andreas und Sabine bringt, ersucht er diese, sich für eine Weile zurückzuziehen. Andreas bittet Gabriele regelmäßig herein und sie bleibt meist noch eine geraume Zeit. Währenddessen sitzt Sabine im Obergeschoss ihres eigenen Haus und wartet, bis Gabriele gegangen ist. Sie fühlt sich durch Andreas Verhalten erniedrigt, gedemütigt und ausgegrenzt und ist trotz allem Verständnis für den Gesundheitszustand von Gabriele nicht mehr bereit, sich das noch länger bieten zu lassen.

Will die Exfrau von sich aus keinen Kontakt mit Ihnen, leidet sie vielleicht noch immer unter der Gesamtsituation. Dann kann ein Treffen zu früh sein. In diesem Fall können Sie ja noch ein wenig damit warten, sie kennenzulernen. Setzen Sie am besten auf Zeit und halten Sie Ihr Angebot einer neutral-freundschaftlichen Beziehung aufrecht. Informieren Sie auch Ihren Partner über Ihre Absichten. Das wird nämlich auch für ihn vieles erleichtern.

TIPP! Es ist allemal besser, die Exfrau bis zu einem gewissen Grad zu integrieren, als vollkommen auszugrenzen oder gar zu bekämpfen. In einer solchen Konstellation kann es keine Gewinner geben, wohl aber immer wieder wechselseitige Beleidigungen, Anfeindungen und Diffamierungen, solange die Verhältnisse nicht geklärt sind. Dies wirkt sich negativ auf alle Familienmitglieder aus und wird das gemeinsame Leben im Patchwork-Konstrukt schwer belasten, im schlimmsten Fall sogar zum Scheitern bringen.

Nicht unerwähnt bleiben darf allerdings auch, dass es sich manche Exfrauen aber tatsächlich zum Lebensziel machen, das neue Glück Ihres Exmannes zu zerstören. Dann können Sie nur gemeinsam mit Ihrem Partner versuchen, sich möglichst nicht provozieren zu lassen und den Schaden für Ihre Familie so gering wie möglich zu halten.

Checkliste

Nehmen Sie sich Zeit und beantworten Sie folgende Fragen:

Ich hasse seine Ex, weil	**JA**	**NEIN**
sie noch immer viel zu präsent in unserem Leben ist	☐	☐
sie meinen Partner immer wieder für ihre Zwecke funktionalisiert	☐	☐
sie das schlechte Gewissen meines Partners ausnützt	☐	☐
ich den Verdacht habe, dass ihr mein Partner noch immer irgendwie emotional verbunden ist	☐	☐
sie die Mutter seiner Kinder ist	☐	☐
mein Partner noch keinen klaren Schlussstrich unter die gemeinsame Vergangenheit mit ihr gezogen hat	☐	☐
mein Partner nach wie vor enge Kontakte mit der Familie seiner Ex pflegt	☐	☐
mein Partner immer zur Stelle ist, wenn sie Hilfe braucht	☐	☐
sie sich mir gegenüber unmöglich benimmt	☐	☐
sie mich in der Familie und bei Freunden schlecht macht	☐	☐
sie sich weigert, arbeiten zu gehen, und sich von meinem Mann erhalten lässt	☐	☐
sie mit meinem Partner schon einmal alles erlebt hat und für ihn vieles in unserer Beziehung nur noch Wiederholung ist	☐	☐
sie hübscher ist als ich	☐	☐
sie erfolgreicher ist als ich	☐	☐
sie im Gegensatz zu mir nicht arbeiten muss	☐	☐
sie noch immer als die eigentliche/heimliche Schwiegertochter bei den Eltern meines Partners gilt	☐	☐
sie bei der Familie meines Partners beliebter ist als ich	☐	☐

sie die Kinder gegen mich aufhetzt	☐	☐
mein Partner für sie Unterhalt bezahlen muss	☐	☐
sie ein besseres/aufregenderes/wohlhabenderes/spannenderes Leben hat als ich	☐	☐
sie das Opfer mimt und von meinem Mann ständig Hilfeleistungen, wie etwa kleinere Reparaturen im Haushalt oder am Auto, einfordert	☐	☐
sie meinen Partner zurückhaben möchte	☐	☐
sie meinen Partner glauben macht, für immer in ihrer Schuld zu stehen, da sie ihm damals das Studium mitfinanziert hat, aus den Fängen seiner tyrannischen Mutter befreit hat, half, den Konflikt mit seinem Vater zu lösen, ihm den ersten Job verschaffte etc.	☐	☐
sie meinen Mann mit den gemeinsamen Kindern erpresst	☐	☐
sie ständig sein Besuchsrecht sabotiert	☐	☐
sie die Kinder an uns „abschiebt“	☐	☐
sie immer mehr Geld von meinem Partner möchte	☐	☐
ihretwegen kaum mehr Geld für unsere Beziehung bleibt	☐	☐
ich mich ihr gegenüber minderwertig fühle	☐	☐
sie noch immer seinen Namen trägt	☐	☐
mein Leben ohne sie einfach viel schöner wäre	☐	☐

Sehen Sie sich Ihre Antworten an und überlegen Sie mit Hilfe der folgenden Fragestellungen, ob es Möglichkeiten gibt, wie Sie der Exfrau Ihres Partners gegenüber weniger Abneigung empfinden können. Schreiben Sie Ihre Gedanken auf und lesen Sie sich Ihre Überlegungen nach einigen Tagen nochmals durch. Wenn Sie wollen, sprechen Sie auch mit Ihrem Partner darüber und versuchen Sie, gemeinsame Lösungswege zu finden.

Was können Sie ändern, was nicht?	
Wo besteht Handlungsbedarf Ihres Partners?	
Wo gibt es Chancen auf eine Kompromisslösung?	
Wo müssen Sie Ihre Abneigung bzw. Ihr eigenes Verhalten seiner Ex gegenüber überdenken?	

Wenn Sie selbst die Ex sind

Umgekehrt ist es sehr leicht möglich, dass auch Sie nach der Trennung eine neue Frau an der Seite des Vaters Ihrer Kinder akzeptieren müssen. Nicht nur Sie haben ein neues Leben begonnen, sondern auch Ihr Ex. Sie müssen dieser Person Ihre Kinder an vielen Tagen des Jahres anvertrauen, sollten nicht schlecht über sie reden und an einer freundschaftlichen Beziehung interessiert sein. Zu viel verlangt? Eigentlich nicht. Schließlich geht es Ihnen in der Position der Patchwork-Mutter ganz gleich.

Was nun, wenn es dennoch Probleme gibt und Sie so gar nicht einverstanden sind mit der neuen Frau als Patchwork-Mutter und Bezugsperson Ihrer Kinder?

Zu allererst sollten Sie niemals versuchen, die Beziehung Ihres Ex zu dieser Frau zu zerstören, unabhängig davon, ob Sie eifersüchtig sind oder die Neue wirklich einen schlechten Einfluss auf Ihre Kinder ausübt. Etwaige Trennungsentscheidungen kann nur Ihr Exmann treffen. Auch wenn er sich, was äußerst unwahrscheinlich ist, von Ihnen beeinflussen ließe, wird dies die Beziehung zwischen Ihnen beiden sicher nicht begünstigen. Vielleicht schweißen sie durch Ihr Verhalten das Paar letztendlich nur noch mehr zusammen, da Sie als externer Störfaktor fungieren, den es gemeinsam zu bekämpfen gilt. Zudem werden Sie nie verhindern können, dass die Nächste nachkommt. Natürlich kann sich mit dieser Frau alles verbessern, leider aber auch verschlechtern.

Akzeptieren Sie also seine Wahl und stellen Sie sich darauf ein. Verfallen Sie auch nicht der Versuchung, das Besuchsrecht des Vaters Ihrer Kinder zu unterminieren, indem Sie alles daran setzen, die Kinder möglichst selten zu ihm und seiner neuen Partnerin zu lassen. Es steht ihm gesetzlich zu, regelmäßig Kontakte mit seinen Kindern zu pflegen, und das ist auch gut so. Kinder brauchen beide Elternteile, auch wenn diese nicht mehr zusammenleben. Sprechen Sie daher weder negativ über Ihren Ex noch über dessen Neue. Verhalten Sie sich zumindest neutral und vertrauen Sie darauf, dass auch der Vater das Beste für seine Kinder will. Wenn Sie ständig versuchen, ihn aus dem Leben Ihrer Kinder zu verdrängen, besteht durchaus die Gefahr, dass diese sich irgendwann einmal gegen Sie wenden. Das einzige, was Sie nicht akzeptieren müssen, ist, dass man schlecht über Sie spricht. Sollte Ihnen diesbezüglich Einschlägiges zu Ohren kommen – meist ohnehin über Ihr Kind – ist es angebracht, ein ernstes Wort mit Ihrem Ex oder sogar direkt mit dessen neuer Frau zu sprechen. So etwas müssen Sie sofort unterbinden und entsprechenden Respekt einfordern.

Vielleicht sind Sie auch eifersüchtig auf die Neue Ihres Ex und deren gemeinsames Leben. Kann er ihr bieten, was Sie nie hatten, als Sie noch zusammen waren? Haben die beiden lediglich Ihre zwei Kinder an einigen Tagen im Monat bei sich, während Sie neben den eigenen auch noch drei Patchwork-Kinder zu versorgen haben, und das 24 Stunden täglich? Ist das Leben Ihrer Kinder mit dem Vater und seiner Partnerin spannender, aufregender und ereignisreicher? Können Sie vielleicht nicht mithalten und sind deshalb wütend? Fallen die Geschenke von Ihnen und

Ihrem neuen Partner zu Geburtstagen und Weihnachten im Vergleich zu jenen des Vaters bescheiden aus, weil es Ihnen finanziell wesentlich schlechter geht?

Auch wenn Sie vielleicht manchmal berechtigt wütend sind, bringt es nichts, Ihren Zorn dem Ex und seiner Neuen gegenüber zum Ausdruck zu bringen. Schon gar nicht sollten Sie dies über die Kinder tun. Keine Situation ist es wert, dass Sie sich lächerlich oder unbeliebt machen. Damit lösen Sie weder Ihr Neid- noch Ihr Eifersuchtsproblem. Arrangieren Sie sich mit den Gegebenheiten, die Sie ohnehin nicht ändern können. Auch wenn es eine neue Frau im Leben Ihrer Kinder gibt, ist sie nicht deren Mutter. Das sind und bleiben Sie. Ihre Kinder werden diese Frau niemals in derselben Form und mit derselben Intensität lieben wie Sie, auch wenn sich diese noch so sehr um deren Liebe bemühen sollte. Ihre Position im Leben Ihrer Kinder ist klar definiert und nicht durch eine andere Person ersetzbar. Ihre Kinder wissen, was Sie alles leisten. Dafür lieben sie Sie und sind Ihnen sehr dankbar, auch wenn es manchmal nicht so scheinen mag. Es ist daher vollkommen nebensächlich, ob die neue Partnerin Ihres Ex Designer-Kleidung trägt, ihre Figur regelmäßig im Fitnessstudio in Topform bringt und mehrere Fremdsprachen spricht. Es bringt nichts, wenn Sie sich Minderwertigkeitskomplexe einreden, nur weil sie sich unterlegen fühlen. Es gibt keinen Wettbewerb zwischen ihr und Ihnen. Dieser entsteht ausschließlich, wenn Sie ihn zulassen. Behalten Sie daher Ihren Lebensstil bei und lassen Sie sich nicht verunsichern. Wenn Sie sich mit ein paar Kilos mehr wohlfühlen, stehen Sie dazu. Ihre Kinder lieben Sie auch, wenn Sie nicht jeden Tag zehn Kilometer joggen.

Am besten betrachten Sie die Situation einmal aus einer neutralen Position. Der Einfluss der neuen Partnerin Ihres Ex muss nicht immer negativ sein. Ganz im Gegenteil. Vielleicht bietet sie Ihren Kindern einfach Dinge, zu denen Sie nicht imstande sind, und kann ihnen das eine oder andere mitgeben, was ihnen Freude macht. Dies kann in ideeller und materieller Form sein. Das ist kein Grund, sich traurig oder schlecht zu fühlen, sondern vielmehr Anlass, sich darüber zu freuen, dass Ihre Kinder weitere Möglichkeiten und Angebote vorfinden, die ihr Leben bereichern. So können sie verstärkt ihre Interessen erkunden, Begabungen besser ausloten und Neigungen nachgehen.

Seien Sie auch nicht neidisch oder eifersüchtig, wenn Ihre Kinder mit ihrem Vater und dessen neuer Partnerin tolle Reisen unternehmen. Auch wenn Sie sich dabei vielleicht ärmlich und in Ihrer Würde verletzt fühlen, lassen Sie dies Ihre Kinder nie spüren. Sie profitieren von solchen Angeboten, lernen daraus und können hoffentlich viel für ihr Leben mitnehmen. Das sollte auch für Sie das einzig Entscheidende sein.

Auch wenn die neue Partnerin Ihres Exmannes sehr gebildet und beruflich erfolgreich ist, kann dies Ihren Kindern nützen. Wenn Sie Ihre Kinder mag und eine gute Beziehung zu ihnen aufbauen kann, wird sie vermutlich auch bereit sein, bei Hausübungen zu helfen oder bei der Studienwahl zu beraten. Ihren Kindern kann nichts Besseres passieren, vor allen Dingen dann nicht, wenn Ihre Kenntnisse zur Trigonometrie ohnehin schon lange nicht mehr auf dem neuesten Stand sind und Sie beim letzten Trivial Pursuit im Freundeskreis die Werke von Shakespeare mit jenen von Vergil verwechselten.

Vielleicht lernen Ihre Kinder von der neuen Frau aber auch wertvolle Fertigkeiten, die Sie selbst nicht wirklich beherrschen. Ist sie handwerklich geschickt, vermittelt sie Ihren Kindern vielleicht Dinge, die auch Ihnen nützen können. Kleinere Ausbesserungsarbeiten im Haushalt fallen immer wieder an. Ihre Kinder könnten durch die Patchwork-Mutter auch ganz neue Fähigkeiten an sich selbst entdecken. Unter Umständen haben Sie deren künstlerische Talente bislang noch gar nicht so bemerkt und nun gewinnen sie durch die Anleitung der neuen Frau Ihres Ex plötzlich Zeichenwettbewerbe. Ist sie sehr musikalisch? Dann soll sie doch Ihren Kindern den Zugang zur Musik eröffnen, besonders wenn Sie selbst vor Opernaufführungen und Klavierkonzerten gerne die Flucht ergreifen.

Bemühen Sie sich also, auch das Positive an der Situation zu erkennen, und nehmen Sie dieses an. Es geht um Ihre Kinder und deren Wohlergehen. Das sollte über allem stehen – auch über Ihrer Wut und Ihrem Stolz. Sie müssen der neuen Frau Ihres Ex für ihr Engagement um Ihre Kinder natürlich nicht weithin sichtbare Dankbarkeit erweisen. Das ist die Aufgabe Ihres Exmannes. Mischen Sie sich aber auch nicht kontraproduktiv in dieses Gefüge ein. Das schadet in erster Linie Ihren Kindern, ohne dass Sie selbst irgendeinen Vorteil davon hätten.

Lehnen und werten Sie daher die Welt des Vaters Ihren Kindern gegenüber nicht ab. Dies bringt die Kinder in Konflikte. Es hat auch keinen Sinn, jedes Mal, wenn die Kinder vom Vater zu Ihnen zurückkommen, schlechte Laune zu haben. Die Kinder sind nicht schuld an Ihrer Trennung, also machen Sie ihnen kein schlechtes Gewissen, nur weil sie sich auch beim Vater wohlfühlen und vielleicht sogar dessen neue Partnerin mögen. Es liegt nun einmal in der Natur der Sache, dass Sie zu dieser Lebenswelt Ihrer Kinder keinen Zugang haben. Daran werden weder Ihre Wut noch Ihre Eifersucht etwas ändern. Selbst wenn Sie das Gefühl haben, Ihre Kinder käme immer irgendwie verändert von den Besuchen bei ihrem Vater zurück, müssen Sie es so hinnehmen. Natürlich können Sie Ihre Kinder darauf ansprechen, aber bitte ohne Vorwürfe. Bemühen Sie sich um eine neutrale Haltung. Das erspart Ihren Kindern viel Kummer und gibt ihnen gleichzeitig die Chance, mit Ihnen Dinge zu besprechen, die sie bei den Aufenthalten in der neuen Familie des Vaters vielleicht tatsächlich belasten.

Wenn es irgendeine Möglichkeit gibt, sollten Sie die neue Frau auch kennenlernen. Zur besten Freundin muss sie ohnehin nicht werden. So wissen Sie aber, mit wem Ihre Kinder die Wochenenden verbringen, wie diese Person tickt und dass Sie ihr hoffentlich vertrauen können. Dies nimmt Ihnen viele Ängste. Vielleicht erfahren Sie auch etwas über ihre eigenen Unsicherheiten und Sorgen, und Sie können in einem netten Gespräch vieles abklären und Negatives zwischen Ihnen beiden aus der Welt schaffen.

Ihr Partner als Vater

Ihr Mann als Patchwork-Vater

Integrieren Sie Ihren Partner in die Familie

Leben Ihre Kinder bei Ihnen, nehmen Sie eine zentrale Position in deren Leben ein. Sie sind die biologische Mutter und gleichzeitig Partnerin eines Mannes, der nicht der Vater Ihrer Kinder ist. Einerseits müssen Sie sich nun mit Ihrem Ex hinsichtlich der gemeinsamen Kinder verständigen und erziehungs-, aber auch beziehungstechnische Bereiche, wie etwa das Besuchsrecht, ausdiskutieren, andererseits mit Ihrem neuen Partner einen Platz für ihn im neuen familiären Gefüge ausverhandeln. Dieser wird nur in den allerseltensten Fällen, etwa bei noch sehr kleinen Kindern oder nicht mehr vorhandenem biologischen Vater, die komplette Vaterrolle übernehmen können. Der leibliche Vater ist aber nicht einfach durch einen anderen ersetzbar. Umso mehr gilt es, gemeinsam mit ihm seine neue Rolle als Patchwork-Vater zu definieren. Besprechen Sie, was Sie beide mit dieser Position verbinden.

Anregungen könnten folgende Fragen bieten:

Welche Aufgaben soll Ihr Partner bei Ihren Kindern übernehmen? Wofür soll er konkret zuständig sein?

Wo soll er sich nicht einmischen? Was soll in Ihrer Zuständigkeit verbleiben?

Ist es Ihnen wirklich recht, wenn er Erziehungsmaßnahmen bei Ihren Kindern vornimmt oder sollten diese nicht lieber in Ihrer Verantwortung bleiben?

Wie wird der biologische Vater Ihrer Kinder eingebunden?

Welche diesbezüglichen Arrangements sollen getroffen werden? Sind Sie alle drei oder im Fall einer neuen Partnerin Ihres Ex auch alle vier bereit, sich regelmäßig über Erziehung, Bedürfnisse und Probleme der Kinder zu besprechen und abzustimmen?

Ein Patchwork-Vater kann wertvolle Beiträge zur Entwicklung der Kinder seiner Partnerin leisten, wenn er weniger die Rolle eines Erziehenden, sondern mehr die eines Beraters, Begleiters und väterlichen Freundes übernimmt. Zudem kann er Sie in Ihrer Verantwortung für die Kinder unterstützen, indem er Dinge beobachtet und kommuniziert, die Ihnen vielleicht gar nicht so auffallen und Ihnen mit Rat zur Seite steht, wenn immer es Probleme gibt.

TIPP!

Fühlt sich Ihr Partner zurückgesetzt oder nicht wahrgenommen, ist es Ihre Aufgabe, ihn von seinem Stellenwert und seiner Wichtigkeit für Ihre gemeinsame Familie zu überzeugen. Sagen Sie ihm, dass Sie mit ihm nun erfolgreich diese Familie leben wollen, die mit einem anderen zuvor gescheitert ist. Geben Sie ihm immer wieder zu verstehen, welch wichtige Rolle er in der neuen Familie einnimmt, bitten Sie ihn um seine Mithilfe und gleichzeitig um Geduld, wenn nicht gleich alles so gelingen sollte, wie Sie es sich wünschen. Geben Sie ihm auch die Chance, seinen Platz in der neuen Familie zu finden, und achten Sie darauf, dass sich dieses Gefüge zu einer harmonischen und sich ergänzenden Einheit entwickelt.

Ihr neuer Partner muss seine Rolle als Patchwork-Vater allerdings im Kontext der familiären Grundsituation und der rechtlichen Rahmenbedingungen definieren. Das wird nicht immer einfach sein. Das Gesetz schützt in erster Linie die Rechte der biologischen Eltern. Das kann für Patchwork-Väter oft unerfreuliche Auswirkungen haben, da sie – selbst wenn ihr Einsatz zum absoluten Wohl ihrer Patchwork-Kinder ist – viele diesbezüglichen Aktivitäten und Entscheidungen im Vorfeld mit der leiblichen Mutter und bei weiterreichender Einflussnahme auch mit deren Ex als leiblichem Vater abklären oder gar von beiden genehmigen lassen müssen. Da der Patchwork-Vater eventuell viel mehr Zeit mit den Kindern verbringt als deren biologischer Vater, kann das mühsame Ausmaße annehmen. Gleichzeitig erschwert es dem Patchwork-Vater, seinen Platz innerhalb der neuen familiären Gemeinschaft zu finden.

Dies kann auch schwierig sein, weil Sie und Ihre Kinder eine eingeschworene Gemeinschaft bilden. Die Verbindung zwischen Ihnen gab es ja schon lange vor seinem Erscheinen, und sie ist oft sehr eng und vertraut. Das kann es für einen Patchwork-Vater erschweren, zu einem Teil dieses Verbundes zu werden. Helfen Sie ihm daher von Anfang an dabei, Zugang zu finden, wenn Sie nicht riskieren wollen, dass er irgendwann einmal seine Bemühungen aufgibt, ganz dazuzugehören. Lassen Sie Ihren Partner nie in die Außenseiterposition rücken und achten Sie darauf, dass er nicht das Gefühl bekommt, ein Eindringling zu sein. Natürlich stehen die Bedürfnisse Ihrer Kinder an erster Stelle. Reservieren Sie dennoch Zeit, die nur Sie beide miteinander verbringen. Unternehmen Sie immer wieder etwas auch ohne die Kinder und versuchen Sie, auch tagsüber oder am Abend ein wenig Zeit nur für Sie beide zu haben. Nützen Sie die Tage, an denen die Kinder bei ihrem biologischen Vater sind, und pflegen Sie Ihre Beziehung. Zeigen Sie Verständnis für seine Situation und kommunizieren Sie ihm das auch. Helfen Sie ihm dabei, sich in Ihrer gemeinsamen Patchwork-Familie wohlzufühlen!

Die Annäherung zwischen Kindern und Patchwork-Vater braucht Zeit

Auch Ihre Kinder benötigen Zeit und Ihre Unterstützung. Einerseits, um das Zerbrechen ihrer einstigen Familie zu bewältigen und die Hoffnung aufzugeben, dass alles wieder so wird, wie es einmal war, und andererseits, um sich in die neue Lebenssituation einzufinden. Vielleicht wären die Kinder auch viel lieber mit Ihnen alleine geblieben und müssen nun akzeptieren, dass es eine neue Person in Ihrem gemeinsamen Leben gibt. Geben Sie auch Ihrem Partner Zeit, sich an die neue Situation zu gewöhnen. Es ist nicht möglich, von heute auf morgen der perfekte Patchwork-Vater zu werden. Die perfekte Patchwork-Mutter übrigens auch nicht. Ihre Kinder sind für Ihren Partner zunächst fremde Menschen. Es fehlt die gemeinsame Geschichte. Er hat sie nicht vom ersten Tag begleitet, es gibt (noch) kaum Erinnerungen an gemeinsame Urlaube, Familienfeiern oder andere wichtige Anlässe. Die Patchwork-Familie beginnt nochmals ganz von vorne, und es dauert viele Jahre, bis alle zueinander eine Beziehung des familiären Vertrauens aufgebaut haben.

Machen Sie Ihrem Partner auch klar, dass es nicht darum geht, dass er der „bessere" Vater ist. Es besteht kein Wettbewerb zwischen biologischem und Patchwork-Vater. Jeder hat seinen eigenen Platz im Leben eines Kindes. Und beide sind wichtig. Jeder auf seine Art. Ein Kind darf sich nie entscheiden müssen zwischen seinen beiden „Vätern", und es muss vollkommen legitim sein, dass es beide mag. Ob es einen lieber hat als den anderen, ist nicht von Bedeutung. Hoffen Sie einfach, dass sich beide liebe- und verantwortungsvoll um das Kind kümmern.

Bestehen Sie nicht darauf, dass Ihre Kinder Ihren neuen Partner „Papa" nennen. Wenn die Kinder noch sehr jung sind, entscheiden sie häufig von sich aus, Ihren Partner so anzusprechen. Dies ist vor allen Dingen dann der Fall, wenn der biologische Vater keine große Rolle mehr in ihrem Leben spielt. Dann übernehmen sie einfach diese Bezeichnung meist von ihren Freunden. Andere, vor allem ältere Kinder weigern sich meist, den neuen Partner ihrer Mutter so zu nennen. Sie wählen meist den Vornamen als Ansprache, tun dies manchmal aber auch bei ihrem biologischen Vater. Akzeptieren Sie die Entscheidung Ihrer Kinder und drängen Sie nicht auf eine andere Anrede. Wenn sich diese nie ergibt, entsteht auch kein

Schaden. Persönliche Nähe und Vertrautheit sind nicht an einer bestimmten Benennung festzumachen. Sollte der seltene Fall eintreten, dass Ihre Kinder beide Männer, den biologischen und den sozialen Vater, als „Papa" oder ähnlich bezeichnen, akzeptieren Sie auch diese Variante und tragen Sie Sorge, dass dies auch die betreffenden Männer tun. Kann sich das Kind frei entscheiden, wie es wen nennt, trägt dies zu einem harmonischen Miteinander nicht unwesentlich bei.

Ihre Kinder können Probleme damit haben, ihre Liebe mit einem für sie Fremden teilen zu müssen. Dies kann zu Eifersucht auf Ihren neuen Partner führen. Andererseits kann aber auch er negative Emotionen Ihren Kindern gegenüber entwickeln. Hat er – wie gesagt – das Gefühl, nicht wirklich Teil der Familie zu sein, da ihm die Kinder den Zutritt verwehren oder sogar Sie selbst das innere Band mit Ihren Kindern gegen jede Form von äußeren Einflüssen, auch von Seiten Ihres neuen Mannes, schützen, kann dies für ihn sehr verletzend sein. Achten Sie daher auch in so einem Fall immer darauf, Ihren Partner zu integrieren und als vollwertiges Mitglied Ihrer Familie zu akzeptieren.

Die gesellschaftliche Rolle des Patchwork-Vaters

Was die Situation für Sie erleichtert, ist allerdings die Tatsache, dass Männer in solchen Fällen viel seltener unter Leidensdruck geraten als Frauen. Das kann auf vielfältige Gründe zurückgeführt werden. Zum einen ist die Rolle des Patchwork-Vaters gesellschaftlich wenig vorgeprägt. Der Gestaltungsspielraum fällt entsprechend größer aus. Während sich die Patchwork-Mutter, wenn auch unbewusst, an dem anspruchsvollen Bild der Mutter orientiert, sind die Anforderungen an einen Vater vergleichsweise geringer. Außerdem bieten sich für ihn verschiedene Auswege. Ihm wird schon Respekt dafür gezollt, dass er sich um die Kinder eines anderen Mannes kümmert, während Gleiches bei Frauen offensichtlich als Selbstverständlichkeit angenommen wird. Patchwork-Väter gelten als „Retter", insbesondere dann, wenn sie auch bereit sind, ihre neue Familie finanziell (mit) zu versorgen. In diesem Fall erfüllen sie ihre Aufgabe bereits weit über das erforderliche Maß hinaus und ihnen werden kaum weitere Verantwortungsbereiche zugesprochen. Der Ausdruck „stiefväterlich" existiert schlichtweg nicht.

Natürlich leisten auch Patchwork-Väter Hervorragendes, allerdings meist unter leichteren Bedingungen als Patchwork-Mütter. Sie verbringen im Allgemeinen weniger Zeit mit ihren eigenen und den Kindern ihrer Partnerin, da sie tagsüber ihrem Beruf nachgehen. Somit gibt es schon aufgrund der geringeren Zeit, die miteinander verbracht wird, seltener Anlass für Konflikte.

Patchwork-Väter haben außerdem häufig gar nicht den Anspruch, bei der Erziehung ihrer Patchwork-Kinder mitzuwirken. In Anlehnung an traditionelle Familienbilder gelten Aufgabenbereiche rund um Kinder und Familie als Angelegenheiten der Frau. Männerbereiche sind wiederum das Ausüben eines Berufs und damit einhergehend die Versorgung der Familie. Die fehlende Erziehungsberechtigung führt bei Patchwork-Vätern somit äußerst selten zu inneren Konflikten. Patchwork-Väter, die bereits selbst Kinder haben, sind es ohnehin gewohnt, ab der Geburt keinen allzu wichtigen Anteil an der Mutter-Kind-Einheit zu haben.

Darüber hinaus verarbeiten Männer auch die Konflikte in einer Familie mit anderen Strategien. Während Frauen, insbesondere aber Patchwork-Mütter, familiäre Konflikte regelmäßig auf sich beziehen und Druck empfinden, die Konflikte zu lösen, nutzen Männer – und somit auch Patchwork-Väter – häufiger Flucht- und Kompensationsmöglichkeiten. Im Gegensatz zu Patchwork-Müttern, die häufig noch immer gegen ihr schlechtes Image ankämpfen müssen und dies nicht selten durch ein meist kontraproduktives Überengagement für die Kinder ihres Partners tun, befinden sich Patchwork-Väter kaum in einer ähnlichen Position.

TIPP! Bleiben Sie gelassen, setzen Sie auf Zeit und gute Gespräche und gehen Sie davon aus, dass sich zwischen Ihrem Partner und den Kindern alles einpendeln wird. Verhindern Sie, dass er unaufgefordert die Rolle des Erziehenden übernimmt, und behalten Sie sich diese Aufgabe bei Ihren Kindern am besten selbst vor. Kinder erachten die Disziplinargewalt von Patchwork-Eltern oft als Grenzüberschreitung und sanktionieren diese mit Missachtung, Ignoranz oder offenem Konflikt. Beginnen sich die Kinder gegen Ihren Partner aufzulehnen, könnte daran allerdings auch Ihre Beziehung zerbrechen.

Männer haben im Allgemeinen auch weniger Probleme, die Kinder der Frau, die sie lieben, zu akzeptieren als umgekehrt. Manchmal wird der Patchwork-Vater auch zur wichtigsten männlichen Bezugsperson für ein Kind. Dies ist häufig dann der Fall, wenn er selbst keine eigenen Kinder hat. Doch leider ist es nicht immer so. Es gibt natürlich auch Männer, die die Kinder eines anderen schlichtweg ablehnen und nur Interesse an einer Partnerschaft mit deren Mutter haben. Problematisch ist es vor allen Dingen dann, wenn sich eine solche Haltung des Mannes erst mit der Zeit herauskristallisiert. Hoffen Sie nicht, dass sich irgendwann wieder alles einlenkt. Dies ist mit an Sicherheit grenzender Wahrscheinlichkeit nämlich nicht der Fall. Je früher Sie daher die Beziehung beenden, umso besser für alle Beteiligten, besonders für Ihre Kinder. Aber auch Sie verlieren keine wertvolle Zeit an einen Mann, der nicht bereit ist, mit Ihnen jenes Leben zu leben, dass für Sie selbst das einzig mögliche ist.

Ihr Mann als biologischer Vater

Wenn seine Kinder zu Besuch sind

Steht ein Besuchswochenende an, bedeutet dies zusätzliche Arbeit für Sie und wesentlich weniger gemeinsame Zeit mit Ihrem Partner und den eigenen Kindern. Wenn Kinder aus vergangenen Beziehungen existieren, verlieren Sie leider automatisch Ihren Anspruch auf Exklusivität im Leben Ihres Mannes. Seine Kinder haben eben ein Recht auf ihren Vater und dessen Zuwendung. Während Ihr Partner vermutlich große Freude über die Zeit, die er mit ihnen verbringt, empfindet, kann dies bei Ihnen durchaus weniger positive Gefühle auslösen. Schließlich müssen auch Sie Energien und Zeit für seine Kinder aufwenden. Gerade die Wochenenden, die sich so sehr für Partneraktivitäten anbieten würden, können durch die Anwesenheit seiner Kinder kaum wirklich gemeinsam genossen werden. Sie hätten ganz andere Pläne und müssen nun die Aufmerksamkeit Ihres Partners an vielen Wochenenden mit seinen Kindern teilen. Manchmal haben Sie vielleicht sogar das Gefühl, dass Sie bei Ihrem Partner hinter seinen Kindern zurückstehen müssen und ihnen Ihre Bedürfnisse und Wünsche untergeordnet werden. Das kann sehr leicht zu Konflikten in der Paarbeziehung führen. Noch dazu, da von Ihnen meist erwartet wird, dass Sie für alle kochen, putzen und vielleicht sogar die Wäsche machen. Möglicherweise gibt es auch gemeinsame Ausflüge oder Kinobesuche, Sie gehen mit Ihren Patchwork-Kindern shoppen und machen mit ihnen ihre Hausübungen. Haben Sie auch selbst eigene oder gemeinsame Kinder, bedeutet der Besuch seiner (anderen) Kinder noch mehr Arbeit. Selbst wenn die Väter mithelfen, übernehmen sie an solchen Wochenenden selten die gesamte Hausarbeit. Sie können zumindest einfordern, dass sich Ihr Partner verstärkt selbst um die Bedürfnisse seiner Kinder kümmert und nicht alles an Sie abschiebt.

Er kann ruhig auch für die Familie das Abendessen zubereiten und die Kinder ins Bett bringen. Wichtig ist es, die Verantwortungsbereiche genau abzusprechen. Wollen Sie bestimmte Betreuungsaufgaben für seine Kinder nicht übernehmen, können Sie diese selbstverständlich ablehnen. Absolut kontraproduktiv ist es allerdings, immer dann, wenn seine Kinder da sind, Streit mit Ihrem Partner oder gar den Kindern zu provozieren oder sich demonstrativ zurückzuziehen und anderen Dingen zu widmen. Versuchen Sie, durch offene Gespräche Missverständnisse und Konflikte zu vermeiden.

Gibt es Eifersucht oder sonstige Probleme unter den Halb- oder Patchwork-Geschwistern, liegt es meist an Ihnen, diese zu lösen. Erklären Sie allen Kindern die Situation und sorgen Sie für ein harmonisches Miteinander. Sprechen Sie mit Ihren eigenen oder den gemeinsamen Kindern über die Besuchswochenenden und erklären Sie ihnen, dass an solchen Tagen auch Ihre Patchwork-Kinder Ihre Aufmerksamkeit und Zuwendung benötigen.

Wenn Sie selbst (noch) keine Kinder haben, werden Sie vermutlich noch weniger Verständnis für Ihren Partner und dessen Wochenendgestaltung mit seinen Kindern haben. Besprechen Sie mit Ihrem Partner, wie die Besuchswochenenden ablaufen sollen, damit es für alle akzeptabel ist. Eine Möglichkeit wäre auch, Ihren Mann zu bitten, die Kinder nicht am Wochenende zu sich zu nehmen, sondern an ein oder zwei Nachmittagen unter der Woche zu treffen. Dies würde Ihnen die Wochenenden für die Pflege der Paarbeziehung oder Aktivitäten mit den eigenen bzw. gemeinsamen Kindern freihalten. Probleme könnte es diesbezüglich allerdings mit der Mutter der Kinder geben, die sich vermutlich ebenfalls das eine oder andere Wochenende ohne Kinder wünscht und sich auf so ein Arrangement nicht immer wird einlassen wollen.

TIPP! Was die Besuchsarrangements betrifft, können Sie durchaus darauf bestehen, dass diese mit Ihnen abgesprochen und nicht über Ihren Kopf hinweg entschieden werden. Auch wenn die Regelungen bereits vor Ihrer Zeit vereinbart wurden, sind Änderungen durchaus zumutbar, wenn diese für Sie besser passen. Natürlich sollten Sie aber auch immer die Interessen aller anderen Beteiligten berücksichtigen. Dann können Sie diesbezüglich sicher auch auf Verständnis bei Ihrem Partner hoffen, der schließlich genauso Interesse an einer harmonischen Lösung haben und bereit sein wird, auch Ihre Bedürfnisse zu berücksichtigen.

Überlegen Sie, ob Sie selbst immer mit dabei sein müssen, wenn Ihr Partner etwas mit seinen Kindern unternimmt. An einigen Besuchswochenenden können Sie ja durchaus Ihren eigenen Interessen nachgehen und zum Beispiel Freundinnen besuchen, ins Konzert oder Kino gehen, einen Einkaufsbummel unternehmen oder einen Kurzurlaub antreten. Niemand verlangt von Ihnen, dass Sie immer zur Verfügung stehen, wenn seine Kinder kommen. Sondern Sie sich aber nicht ständig ab. Schließlich sind Sie eine Familie und für Ihren Mann ist es sicher wichtig, dass Sie auch diesen Teil des gemeinsamen Lebens zeitweise mit ihm tragen.

Sabine ist eine sehr gefragte Anwältin, die seit drei Jahren mit Tim, einem Investmentbanker, zusammenlebt. Tim hat zwei Töchter aus erster Ehe, die jede zweite Woche bei Sabine und ihm verbringen. Sabine ist von Beginn an um ein gutes Verhältnis zu den Kindern bemüht. Mit der Zeit beginnen aber erste Konflikte, da die beiden ihren Vater nicht nur vollständig vereinnahmen, sobald dieser am Abend heimkommt, sondern während dieser Zeit Sabine auch noch total ignorieren. Gemeinsam mit den Kindern setzt sich Tim dann vor den Fernsehapparat, während Sabine offensichtlich das Abendessen zubereiten soll. Eine Zeit lang tut sie das auch, ohne etwas zu sagen, doch dann wird es ihr einfach zu viel und sie ist in den Wochen, in denen die Kinder bei ihnen sind, kaum zu Hause. Entweder arbeitet sie länger oder trifft sich mit Freundinnen. Als ihr Tim daraufhin vorwirft, ihn mit den Kindern alleine zu lassen, explodiert sie. Sie erklärt Tim, dass sie sich, wenn immer die Kinder da sind, ausgeschlossen und als fünftes Rad am Wagen fühlt. Deshalb hat sie beschlossen, sich zurückzuziehen. Tim hat Verständnis für Sabines Situation und verspricht, sein Verhalten zu ändern. Er achtet nun viel mehr darauf, Sabine immer miteinzubeziehen, wenn seine Töchter da sind. Gemeinsam wird nun über das Fernsehprogramm entschieden, und das Essen bereiten auch alle zusammen zu. Mit der Zeit finden Tims Töchter einen viel engeren Bezug zu Sabine, und die neue Familie beginnt sich langsam zu konsolidieren.

Probleme können in so gut wie allen Bereichen auftreten. Es kann Unstimmigkeiten in Bezug auf Urlaubsarrangements geben, Besuchszeiten der Kinder, die für die biologische Mutter ideal sind, können völlig unpassend für Sie und Ihren Partner sein, und darüber hinaus bieten häufig auch die Umgangsformen der Kinder Anlass zu Streit. Viele ältere Kinder wollen von sich aus nicht mehr so viel Zeit mit ihrem Vater und Ihnen verbringen, da sie mehr und mehr andere Interessen entwickeln. Dies müssen Sie und Ihr Partner akzeptieren, auch wenn es schwer fällt. Oft ist es lustiger, bei Freunden zu übernachten oder zu einem Konzert zu fahren, als das Wochenende mit dem Vater und dessen neuer Frau zu „verschwenden". Kinder sollen selbst entscheiden dürfen, mit wem sie wann wie viel Zeit verbringen möchten. Dies sollte allerdings unbeeinflusst von allen erwachsenen Beteiligten erfolgen und gleichzeitig niemals Anlass für Kränkungen sein oder als Beleidigung verstanden werden.

Ihr Ex und seine Vaterrolle

Der Umgang mit dem biologischen Vater Ihrer Kinder

Gibt es gemeinsame Kinder, bleibt nach einer Trennung kein anderer denkbarer Weg als die Kooperation mit Ihrem Ex. Alles andere wäre destruktiv und würde in erster Linie den Kindern schaden. Auch wenn Sie es noch so gerne hätten, können Sie Ihren Ex nicht aus Ihrem und dem Leben Ihrer Kinder entfernen. Er ist der Vater. Trennen Sie Ihre eigenen Gefühle für den Ex von jenen, die ihm als Vater Ihrer Kinder zukommen. Auch wenn er als Partner versagt haben mag, bedeutet das nicht, dass er kein hervorragender Vater sein kann. Wie schwer es auch immer fällt, unterstützen Sie den Kontakt zwischen ihm und Ihren gemeinsamen Kindern. Selbst wenn Ihre Gefühle von diesem Mann noch so verletzt wurden, Sie seine Neue aus tiefster Seele hassen und Sie ganz und gar nicht mit den väterlichen Erziehungsmethoden einverstanden sind, denken Sie immer zuerst an das Wohl Ihrer Kinder. Solange diese durch den Kontakt zu ihrem Vater nicht zu Schaden kommen – wovon glücklicherweise in den meisten Fällen auszugehen ist –, sollten Sie alles unterstützen, was dem Gelingen der Vater-Kind-Beziehung dient. Für die leiblichen Väter, deren Kinder sich nach einer Trennung in der Obsorge der Mutter befinden, besteht nämlich die Gefahr, den Kontakt zu ihnen zu verlieren. Hierfür gibt es einen Begriffsterminus, der sich „Parental Alienation Syndrome" nennt, kurz PAS genannt. Für viele Väter ist es keine Option, ihre Kinder nicht mehr zu sehen, und so setzen sie sich vehement dafür ein, den Kontakt zu ihnen aufrecht zu erhalten. Dies ist jedoch nicht immer so einfach, denn viele Frauen wollen mit ihrem neuen Lebenspartner und den Kindern eine eigenständige, neue Familie bilden und betrachten den biologischen Vater als Störfaktor. Selbst wenn Ihr Ex hin und wieder Ihr neues familiäres Glück stören sollte, weil er es mit den Zahlungen nicht so genau nimmt oder sich nicht an Abmachungen hält, ist dies das kleinere Übel, als die Vater-Kind-Beziehung unterbinden zu wollen. Kinder brauchen beide Eltern, Vater und Mutter.

Hat der Ex-Partner ebenfalls eine Patchwork-Familie gegründet, werden sich die Kinder auch dort zurechtfinden müssen. Helfen Sie ihnen dabei! Dafür ist eine gute Zusammenarbeit mit der neuen Familie wünschenswert, damit sich die Kinder in beiden Familien wohlfühlen. Hilfreich sind verbindliche Absprachen, eine genaue Festlegung und vor allen Dingen Einhaltung der Besuchszeiten, eine rechtzeitige und mit allen Beteiligten akkordierte Urlaubsplanung und vieles andere mehr. Dabei sollten die biologischen Eltern idealerweise direkt miteinander sprechen und nicht über die Kinder kommunizieren.

Schließen Sie ab mit der Vergangenheit

Wenn Sie sich entscheiden, zwei parallele Beziehungen zu führen, nämlich eine auf Paarebene mit Ihrem neuen Partner und eine auf Elternebene mit Ihrem Ex, erfordert dies viel Verständnis und Toleranz Ihres neuen Partners. Nicht alle Männer kommen mit einem familiären Modell klar, das von ihnen abverlangt, nur in einem Teilbereich, nämlich in der Partnerrolle, präsent zu sein und sich aus allen anderen vollkommen zurückzuziehen. Sie müssen damit rechnen, dass dies auch zu Eifersucht und Neid führen kann, wenn Sie mit Ihrem Ex gemeinsam alles in Bezug auf die Kinder abwickeln. Dies bedeutet ja auch, dass Sie viel Zeit mit ihm verbringen, oft telefonieren und über sein gesamtes Leben informiert sind, ja in gewisser Weise nach wie vor daran Anteil nehmen. Ist Ihr neuer Partner nicht bereit, eine solche Konstellation mitzutragen, müssen Sie sich entweder in Ihrer Beziehung zum Ex zurücknehmen oder aber, wenn dies für Sie die beste aller Umgangsvarianten ist, überlegen, ob die Partnerschaft mit einem neuen Mann, der dieses Konstrukt als persönliches Problem wahrnimmt, die richtige Lebensform für Sie ist. Fragen Sie sich in einer ruhigen Minute auch selbst, ob hinter dem engen Kontakt zu Ihrem Ex nicht auch der Wunsch steht, wieder die alte Familie zu reaktivieren und irgendwann noch einmal zu leben wie früher. Sind Sie tatsächlich in Ihrem neuen Leben angekommen? Haben Sie wirklich keine Gefühle mehr für den Ex? Haben Sie ein für alle Mal einen Schlussstrich unter Vergangenes gezogen? Ihr neuer Partner hat allen Grund, Ihre starke Involvierung in eine bereits nicht mehr existente Familienkonstellation mit Argwohn zu betrachten. So kann er sich niemals wohl und zugehörig in einem vermeintlich neuen Verband zwischen Ihnen beiden fühlen, den es in der Realität noch gar nicht wirklich gibt. Sicher sind Sie mit ihm zusammen und wollen auch ein gemeinsames Leben mit ihm, aber eben nicht nur das. Wenn ihn das stört, wovon auszugehen ist, müssen Sie sich wohl oder übel entscheiden und klare Verhältnisse schaffen. Darauf hat Ihr neuer Lebenspartner einfach Anspruch. Das bedeutet natürlich nicht, dass Sie sich nicht auch weiterhin in wichtigen Angelegenheiten die Kinder betreffend mit Ihrem Ex verständigen sollen. Aber eben nur darüber und nicht mehr – und immer unter Einbindung Ihres neuen Partners.

Denken Sie auch daran, dass Ihre Kinder klare Verhältnisse benötigen. Wenn Sie bei jeder Entscheidung erst deren Vater fragen müssen, wird in ihnen vielleicht der Wunsch immer größer werden, sie beide wären wieder zusammen und die „richtige“ Familie wieder hergestellt. Dies würde den Stand Ihres neuen Mannes noch weiter verschlechtern.

Vielleicht ist es auch ratsam, Ihren neuen Partner mit dem Ex bekannt zu machen. Möglicherweise finden beide sogar eine gemeinsame Gesprächsbasis, und im besten Fall könnten sich anfängliche Animositäten sogar in Luft auflösen. Ideal ist es natürlich, wenn sich alle auf ein gemeinsames Prozedere im besten Interesse der betroffenen Kinder einigen können, ohne dass es auf irgendeiner Seite zu Eifersucht oder dem Gefühl der Zurückweisung kommt. Es kann Ihnen viel erleichtern, wenn sich die beiden Männer in Ihrem Leben gut verstehen. So haben Sie zumindest einen potentiellen Konfliktherd entschärft. Auf diese Weise können auch alle Transaktionen und Kontaktabläufe offen stattfinden, es gibt keine Geheimnisse und jeder ist irgendwie involviert. Auch für die Kinder gibt es nun kaum mehr Möglichkeiten, beide „Väter“ gegeneinander auszuspielen, wohl aber, von den positiven Kontakten zu beiden männlichen Bezugspersonen zu profitieren.

Sie müssen vermutlich auch erst lernen, sich von der ehemaligen Elternbeziehung mit Ihrem Ex zu entkoppeln. Über viele Jahre war alles koordiniert, Sie waren aufeinander eingespielt und konnten sich aufeinander verlassen. Durch die Trennung ist nun alles anders geworden. Auch wenn Sie natürlich beide Eltern bleiben und diese Aufgabe auch weiterhin irgendwie gemeinsam bewältigen sollten, gibt es doch massive Veränderungen, da Sie ja in einer neuen Beziehung leben. Die „alte“ Familie gibt es nicht mehr, und es ist höchst unfair Ihrem neuen Partner gegenüber, diese durch solche Taktiken irgendwie am Leben erhalten zu wollen. Ein Leben in einer solchen Parallelwelt tut niemandem gut, Ihnen nicht, Ihrem neuen Partner nicht und den Kindern schon gar nicht. Sollten Sie tatsächlich einen Mann gefunden haben, den die Aufrechterhaltung solch enger Verbindungen in die Vergangenheit nicht zu stören scheint, können Sie sich glücklich schätzen. Gleichzeitig sollten Sie jedoch hinterfragen, ob diese Konstellation nicht auch für ihn eine willkommene Gelegenheit ist, eigene Freiräume einzufordern und ausleben. Ob Sie mit seiner Parallelwelt dann auch so gut klarkommen, ist eine andere Frage.

Für Sie kann es natürlich gleichermaßen unangenehm sein, wenn sich Ihr Partner um seine Kinder ausschließlich gemeinsam mit seiner Ex kümmern möchte. In so einem Fall müssten Sie sich klar darüber werden, ob Sie so etwas wirklich wollen. Wenn nicht, bleibt nur ein Gespräch mit Ihrem Partner, in dem Sie Ihre Position erklären. Ist er nicht bereit, sich bei Fragen rund um die Kinder auch mit Ihnen zu besprechen, und sehen Sie keine Möglichkeit, sich mit so einer Konstellation zu arrangieren, bleibt Ihnen wohl nichts anderes übrig, als die entsprechenden Konsequenzen zu ziehen.

TIPP!

Nützen Sie die Zeit, in der sich Ihre Kinder bei der neuen Familie ihres Vaters aufhalten, um entspannte Stunden gemeinsam mit Ihrem neuen Partner zu verbringen. Warten Sie nicht mit Trauermiene auf die Rückkehr Ihrer Kinder, sondern unternehmen Sie etwas. Nun haben Sie Zeit füreinander, die Sie gemeinsam genießen sollten. Machen Sie es sich zu Hause gemütlich oder entscheiden Sie sich für einen Kurzurlaub. Nerven Sie auf keinen Fall Ihren Partner mit Ihren Sorgen und Ängsten um die Kinder. Auch für Ihre Eifersucht ist er kaum ein guter Abnehmer. Ihren Kindern passiert nichts, sie haben Spaß mit ihrem Vater und freuen sich, bald wieder mit Ihnen zusammen zu sein.

Natürlich kann eine enge Vater-Kind-Bindung auch zu Enttäuschungen für Sie führen, etwa dann, wenn sich Ihre Kinder mehr ihrem Vater zuwenden als Ihnen. Dies tut besonders weh, wenn Sie es waren, die sich über viele Jahre hinweg hauptsächlich um diese Kinder gekümmert und bemüht haben. Plötzlich kommen sie in die Pubertät und beschließen, von nun an bei ihrem Vater und dessen neuer Frau leben zu wollen. Das kann bitter sein, besonders auch, wenn auch der Bezug zur neuen Frau des Vaters ein guter und inniger ist. Doch auch in so einem Fall ist es wichtig, dass Sie Ihre Kinder nicht mit Vorwürfen überschütten, den Kontakt wahren und darauf vertrauen, dass sich nach Beendigung dieser Phase auch die Beziehung zu Ihnen wieder vertieft.

Sind Sie verletzt, weil sich Ihr Exmann zu schnell im neuen Leben zurechtgefunden hat, denken Sie immer daran, dass dies auch Ihren Kindern nützen kann. Waren Sie es, die gegangen ist, kann es durchaus sein, dass Ihr Ex die Trennung nur sehr schwer verkraftet. Das kann insofern problematisch werden, da er sich unter Umständen nicht nur von Ihnen, sondern auch von seinen Kindern verlassen fühlt. Als Reaktion darauf brechen Männer oft vollkommen den Kontakt zu ihren

Kindern ab oder sind besonders eifrig darum bemüht, in Verbindung zu bleiben, auch wenn sie oft mehr Probleme verursachen, als im besten Sinne der Kinder zu wirken. Männer missgönnen bisweilen ihrer ehemaligen Partnerin auch das Glück mit einem neuen Mann. Andere wiederum versuchen mit aller Kraft zumindest zeitweise das alte Familienmodell aufrecht zu erhalten und geradezu zu zelebrieren. Sie bestehen darauf, dass Eltern und Kinder gemeinsam Weihnachten feiern und wollen dem neuen Partner im Leben ihrer Ex eine klar definierte marginale Rolle zuweisen. Dies kann für Frauen zu vielen Problemen führen, da sie sich dann unter Umständen bei Familienfesten in Rücksichtnahme auf die Kinder zwischen der Teilnahme ihres neuen Mannes oder des alten Partners entscheiden müssen.

TIPP! In einer solchen Situation muss Ihnen klar sein, dass Sie Ihr Leben mit Ihrem neuen Partner führen und er einen ganz wichtigen Platz an Ihrer Seite einnimmt. Signalisieren Sie ihm niemals, dass es eben Zeiten gibt, in denen er weniger oder vielleicht gar nicht erwünscht ist. Eine deutliche Positionierung Ihres neuen Partners innerhalb Ihrer Herkunftsfamilie ist daher unerlässlich, wollen Sie nicht riskieren, dass sich dieser mit der Zeit zurückzieht und irgendwann einmal ganz geht. Gleichzeitig müssen Sie aber auch vermeiden, dass es ständig zu Konflikten mit Ihrem Ex kommt. Kinder leiden in so einer Atmosphäre. Ist es nicht möglich, zu einer praktikablen Lösung unter Erwachsenen zu kommen, liegt es an Ihnen, zu handeln und die Richtlinien vorzugeben. An diese haben sich dann alle zu halten. Sind Sie dabei diplomatisch und versuchen Sie, die Vorstellungen, Erwartungen und Bedürfnisse aller so gut wie möglich zu berücksichtigen. Denken Sie dabei aber auch immer an sich selbst. Was ist Ihnen zumutbar? Was ist für Sie aushaltbar? Worauf wollen Sie sich auf keinen Fall einlassen? Gehen Sie in sich und überlegen Sie genau, was das Beste für Sie und die Kinder ist, und treffen Sie dann Ihre Entscheidungen.

Manipulieren Sie Ihr Kind nicht

Unterlassen Sie Manipulationen, die dazu dienen, Ihr Kind dem Vater zu entziehen. Wenn Sie ihm wiederholt ausrichten, dass das Kind krank sei und ihn deshalb nicht besuchen könne, oder Ihrem Kind vermitteln, dass es dem Vater nicht gut gehe und deshalb ein Besuch nicht möglich sei, wird dies vielleicht kurzfristig den von Ihnen gewünschten Erfolg haben. Mittel- und langfristig werden Sie aber mit den negativen Konsequenzen solcher Verhaltensweisen leben müssen. Ein Kind braucht auch seinen Vater, daher ist es sehr wichtig, dass Sie seinen Kontakt zu ihm fördern und unterstützen. Am allerschlimmsten ist es, wenn Sie Ihr Kind so negativ beeinflussen, dass es seinen Vater überhaupt nicht treffen möchte. Dies kann auf vielerlei Art geschehen, indem Sie etwa den Vater schlecht machen, im Kind Ängste vor dem Vater schüren oder aber bei Ihrem Kind Schuldgefühle provozieren, wann immer es Zeit mit seinem Vater verbringt.

Sie machen sich hauptschuldig an einer Entfremdung zwischen Vater und Kind und verantworten auch die daraus entstehenden Konsequenzen. Ihr Kind wächst dann ohne seinen Vater auf und eine wichtige Bezugsperson wird ihm genommen. Auch der Zugang zur väterlichen Familie, die durchaus bereichernden Einfluss haben kann, wird auf diese Weise unterbunden. Mit anderen Worten: Sie berauben auf diese Weise Ihrem Kind die Chance, wichtige Sozialisationsprozesse zu durchlaufen und eine gesunde Entwicklung zu erleben. Stattdessen wird es immer das Gefühl eines Defizits haben, da ihm ja sein Vater fehlt.

Karin (47) hat ihrem Ex Klaus die Trennung nicht verziehen. Er verließ sie wegen einer anderen Frau, mit der er seitdem in einer glücklichen Beziehung lebt. Karin fühlt sich um die wichtigsten zwanzig Jahre ihres Lebens betrogen, die sie für diesen Mann „geopfert hat". Laura (12), die gemeinsame Tochter, verbringt gerne Zeit mit ihrem Vater und auch dessen neuer Frau. Dies belastet Karin sehr, und sie lässt nichts unversucht, das Kind vom schlechten Charakter seines Vaters und dem bedenklichen Einfluss seiner Patchwork-Mutter zu überzeugen. Sie bezeichnet Klaus dem Kind gegenüber als Betrüger, Lügner und Alkoholiker. Erzählt Laura Nettes über den Vater, stellt Karin dies sofort in Frage oder wertet es total ab. Wenn ein Besuchswochenende ansteht, betont sie immer, Klaus wolle Laura gar nicht sehen und sie wäre ihm und seiner neuen Frau ohnehin nur im Weg. Oft versucht sie Laura einzureden, dass sie zu müde oder eine starke Erkältung habe, um den Besuch beim Vater zu verhindern. Wenn Laura dennoch zum Vater möchte, ist Karin mehrere Tage beleidigt und versucht bei jeder Gelegenheit, im Kind Schuldgefühle auszulösen. Laura fühlt sich in einem starken Loyalitätskonflikt zwischen ihren Eltern gefangen. Sie liebt beide, hat aber mittlerweile Angst, mit ihrer Mutter über den Vater zu sprechen und irgendetwas über die Aufenthalte bei seiner Familie zu erzählen, da sie deren Reaktion fürchtet. Dadurch fühlt sich Karin von einem Teil des Lebens ihres Kindes vollkommen abgeschnitten, was sie noch wütender macht. Leidtragende ist Laura, die sich in zwei Parallelwelten einzuleben beginnt und hofft, durch negative Berichte über den Vater die Zuwendung ihrer Mutter zu erhalten.

Anders verhält sich die Situation bei Christoph (13). Er mag nicht zum Vater, da er sich weder mit ihm noch mit dessen neuer Familie versteht. Mit den Patchwork-Geschwistern gibt es immer Streit, und auch mit Anna, der zweiten Frau seines Vaters, sind Reibereien an der Tagesordnung. Eva, Christophs Mutter, versucht ihn immer wieder zu überreden, öfter etwas mit seinem Vater zu unternehmen, da sie von der Wichtigkeit eines guten Vater-Sohn-Verhältnisses überzeugt ist. Christoph weigert sich dennoch immer häufiger, die Wochenenden bei seinem Vater zu verbringen. Dieser glaubt, dass Eva den gemeinsamen Sohn von solchen Besuchen abhält und droht regelmäßig mit Rechtsanwalt und Gericht. Dies setzt Eva unter massiven Druck, da sie sich keiner Schuld bewusst ist und nur das Beste für ihr Kind möchte.

Ihr Kind muss sich nicht zwischen seinen Eltern entscheiden

Viele Frauen erwarten von ihren Kindern, dass sich diese nach einer elterlichen Trennung auf ihre Seite schlagen, und sie sind dann enttäuscht, wenn Kinder dies nicht tun, sondern sich weigern, zwischen den Eltern eine Entscheidung zu treffen. Dies ist ein höchst problematisches Verhalten von Frauen, da es Kindern in massive Konflikte bringt. Sie leiden meist sehr unter der Trennung und wollen natürlich auch den anderen Elternteil auf keinen Fall verlieren. Sollten Sie von Ihren Kindern eine klare Positionierung zwischen Ihnen und Ihrem Ex verlangen, kann das viele problematische Auswirkungen haben. Neben Loyalitätskonflikten, die Ihre Kinder erleben müssen, werden sie sich immer wieder in Lügen flüchten und Ihnen einfach vieles nicht mehr anvertrauen. Das Verhältnis zwischen Ihnen und Ihren Kindern wird unweigerlich darunter leiden. Vielleicht nicht unmittelbar nach der Trennung, langfristig ganz bestimmt. Denn irgendwann wird jedes Kind seinen biologischen Vater näher kennenlernen wollen, ob Sie dies nun befürworten oder ablehnen. Unterstützen Sie dieses Ansinnen nicht, wird eben vieles hinter Ihrem Rücken ablaufen. Lernen Sie daher, die Eltern- von der Paarebene zu trennen. Erstere gibt es nämlich noch, während die zweite mit dem Vater Ihrer Kinder nicht mehr existiert.

TIPP! Wenn Sie nicht bereit sind, die gescheiterte Paarbeziehung aufzuarbeiten, ist dies nicht nur Ihre Sache. Sind Konflikte ungelöst und ist Ihr Leben bestimmt von Ressentiments gegenüber Ihrem Ex, so hat dies immer auch negative Auswirkungen auf die Kinder und deren Beziehung zu ihrem Vater. Entschließen Sie sich daher zur Bewältigung vergangener Verletzungen und gehen nicht nur Sie unbelastet von Hass und Groll in Ihr neues Leben, sondern nehmen Sie auch Ihre Kinder mit, indem Sie deren (hoffentlich) unbeschwerte Beziehung zum Vater in jeder Hinsicht unterstützen.

Julia (56) wurde von ihrem Mann Philip (57) vor vielen Jahren verlassen. Schon während der Ehe belog Philip seine Frau und hatte immer wieder Affären. Julia blieb der Kinder (heute 21 und 22) wegen bei ihm, bis er sich ernsthaft in eine neue Frau verliebte und ging. Dies konnte ihm Julia nie verzeihen, und sie unternahm alles, um die Kinder vom Vater zu entfremden und die Besuchszeiten bei ihm und seiner Frau auf ein absolutes Minimum zu beschränken. Sie erzählte den Kindern nur schlechte Dinge über ihren Vater und hetzte sie gegen ihn und die Neue auf. Gingen die Kinder doch zu ihm, simulierte sie Krankheiten oder war tagelang schlecht drauf. Irgendwann ebbte der Kontakt zum Vater aus Sorge um die Mutter immer mehr ab, bis er ganz abbrach. Julia hörte nicht auf, die Kinder zu manipulieren und Schlechtes über Philip im Speziellen und Männer im Allgemeinen zu verbreiten. Da sie auch nie mehr eine Beziehung hatte, wuchsen die Mädchen mit einem vollkommen verzogenen Männerbild auf und scheiterten schon sehr früh in eigenen Beziehungen. Beide entschlossen sich zu einer Therapie, wo sie begannen, die Beziehung zu ihren Eltern aufzuarbeiten. Immer mehr erkannten sie, wie negativ sie das Verhalten ihrer Mutter geprägt hatte, und sie fühlten

sich für ihren Rachefeldzug gegen den Vater missbraucht. Es fiel ihnen schwer, der Mutter zu verzeihen, dass sie ihnen jahrelang die Beziehung zum Vater verwehrt hatte.
Sie nahmen beide von sich aus wieder Kontakt zum Vater auf, den sie seitdem regelmäßig sehen. Auch wenn er selbst zugibt, dass er damals als Ehemann versagt hat, entpuppt er sich als liebevoller und fürsorglicher Vater für seine inzwischen erwachsenen Töchter. Auch die Beziehung zu seiner zweiten Frau, mit der er nun eine glückliche Ehe führt, entwickelt sich gut. Oft unternehmen alle vier etwas gemeinsam und die Stimmung ist stets harmonisch und ausgeglichen. Ganz im Gegenteil zur Situation im Haus der Mutter. Julia verbittert ob dieser Entwicklung noch mehr, allerdings gehen all ihre Versuche, die Töchter weiterhin negativ zu beeinflussen und mit ihren eigenen Befindlichkeiten zu erpressen, ins Leere. Einsicht in ihr erzieherisches Fehlverhalten hat sie keine und ist auch nicht bereit, das Geschehene gemeinsam mit ihren Töchtern mit professioneller Hilfe zu bewältigen. Sie will nicht verstehen, wie sehr sie mit ihrem Racheverhalten den Kindern geschadet hat und fühlt sich weiterhin im Recht und nun ein weiteres Mal als Opfer – zuerst durch das Verhalten des Mannes und nun durch den „Verrat" der eigenen Kinder. Die Beziehung der beiden zur Mutter wird zunehmend schlechter. Kontakte zu ihr werden oft nur mehr aus Mitleid gepflegt.

Der biologische Vater ist von großer Wichtigkeit für die Kinder

Verweigern Sie beharrlich jeden Kontakt Ihrer Kinder zum Vater, obwohl dieser gerichtlich vorgesehen ist, riskieren Sie auch viele rechtliche Probleme. Ihr Ex hat das Gesetz auf seiner Seite, da ihm ein regelmäßiger Umgang mit seinen Kindern zusteht. Im schlimmsten Fall kann es sogar dazu kommen, dass Ihnen das Gericht das Sorgerecht für Ihre Kinder aberkennt und dem Vater überträgt, da Ihre mangelnde Kooperation auch als Gefährdung des Kindeswohls ausgelegt werden könnte.

Lassen Sie auf keinen Fall zu, dass Ihr neuer Partner Ihren Ex schlecht macht, schon gar nicht vor Ihren Kindern. Dies werden ihm jene nämlich nicht verzeihen. Denn auch wenn er seine Fehler hat, muss ihn auch Ihr neuer Mann akzeptieren, selbst wenn er überhaupt nichts von ihm hält. Ihr Partner kann sich natürlich seine eigene Meinung über Ihren Ex bilden, er hat aber kein Recht, seine persönliche Einschätzung auch allen anderen mitzuteilen. Selbst wenn er noch so ein gutes Verhältnis zu den Kindern aufbaut, hat er den biologischen Vater zu akzeptieren und respektieren.

So gerne Sie vielleicht Ihre gemeinsame Vergangenheit mit diesem Mann ungeschehen machen wollen, ist und bleibt er der Vater Ihrer Kinder. Versuchen Sie daher auch nicht, Ihren neuen Partner in die Vaterrolle zu bringen, in der Hoffnung, dann endlich die heiß ersehnte glückliche Familie zu haben. Es ist falsch, den biologischen Vater verdrängen zu wollen. Er hat einen rechtmäßigen Platz im Leben seiner Kinder, den Sie ihm auch zugestehen sollten, da er von entscheidender Bedeutung für die Identitätssuche und -findung Ihrer Kinder ist. Von ihm haben sie 50 Prozent ihrer Gene, weshalb er als biologischer Vater niemals ersetzt werden kann, auch wenn Ihr neuer Partner als sozialer Vater viel besser mit den Kindern zurechtkommt, sein Einfluss wertvoller ist und sich auch die Kinder ihm eher zuwenden.

Wenn es bei Papa immer lustig ist ...

Ärgerlich kann es auch sein, wenn Sie mit den Alltagssorgen alleine sind und Ihr Ex nur schöne Stunden mit den Kindern verbringt. Das kann leicht Wut, Zorn und ein Gefühl der Unterlegenheit in Ihnen auslösen. Dies ist verständlich und nachvollziehbar. Dennoch können Sie Ihrem Ex kaum vorschreiben, wie er die Zeit mit den Kindern gestalten soll.

Georg (38) ist seit zwei Jahren von Sandra (37) geschieden und verbringt jedes zweite Wochenende mit seinen beiden Kindern (8 und 10). Jedes Mal denkt sich Georg ganz spezielle Dinge aus, die er mit seinen Kindern unternimmt. Sie gehen ins Kino, in den Zoo oder den ganzen Tag schwimmen. Im Winter übernachten sie in Skihütten und immer wird essen gegangen. Die Kinder lieben die Zeit, die sie mit ihrem Vater verbringen, da so viel Spannendes und Lustiges geboten wird. Die Stimmung ist stets hervorragend und die Kinder können das nächste Wochenende mit ihm manchmal kaum erwarten. Einerseits freut sich Sandra zwar über den guten Kontakt zwischen den Kindern und ihrem Ex, andererseits hat sie aber auch das Gefühl, dass Georg nur die Sonnenseite mit den Kindern leben darf und sie dann diejenige ist, die den Alltag mit ihnen zu bewältigen hat. Sie ist es, die für die Hausaufgaben verantwortlich ist, die kocht, die Wäsche macht, putzt und neben ihrem Vollzeitjob auch noch sämtliche Erziehungsaufgaben zu übernehmen hat. Georg hat sich definitiv dazu entschieden, mit dem Alltag nichts zu tun haben zu wollen, sondern ein Vater zu sein, der mit seinen Kindern ausschließlich die schönen Seiten des Lebens genießt. Dass Sandra manchmal wütend darüber ist und von ihm fordert, auch für andere Bereiche, die die Kinder betreffen, mehr Verantwortung zu übernehmen, ist ihm gleichgültig. Diesbezüglich finden die beiden keine gemeinsame Gesprächsbasis.

Einerseits sollten Sie Ihre Kinder dem Vater nie entziehen. Andererseits müssen Sie aber auch nicht bei jeder noch so kleinen Begebenheit gleich den Ex kontaktieren, damit er „Anteil nimmt" an deren Leben. Er hat nun auch ein neues Leben, und Sie haben dies zu respektieren. Das soll natürlich nicht heißen, dass der Vater Ihrer Kinder nicht über alles, was diese betrifft, informiert werden sollte – und zwar im Anlassfall auch sofort und ausführlich. Beweisen Sie jedoch Fingerspitzengefühl bei Ihren Entscheidungen, was wirklich wichtig ist und was auch zu einem späteren Zeitpunkt erzählt werden kann.

Wenn Ihre Kinder den Patchwork-Vater lieber haben

Was aber, wenn Ihre Kinder Ihren neuen Partner lieber haben als ihren biologischen Vater? Auch dies kann im Rahmen einer Trennung der Eltern passieren. Ist Ihr Neuer ein netter Mensch und kann gut mit Kindern umgehen, ist es nur allzu verständlich, dass sich ihm diese auch zuwenden. Außerdem ist es ja in den allermeisten Fällen eher er, der zur Stelle ist, wenn die Kinder traurig sind, Rat brauchen oder einfach nur reden möchten. Da kann sich natürlich eine enge Bindung entwickeln, die die Position des biologischen Vaters im Leben der Kinder schwächt, wenn dieser nicht von sich aus entsprechende Anstrengungen unternimmt, um seinen Platz zu sichern. Auch in diesem Fall kann man nichts erzwingen. Sie müssen natürlich darauf bestehen, dass sich die Kinder ihrem Vater gegenüber anständig benehmen, und auch die Besuchsregelungen gilt es einzuhalten. Allerdings können Sie

Ihre Kinder nicht zwingen, ihren Vater zu lieben. Sich die Zuneigung seiner Kinder zu erwerben, ist ganz allein die Aufgabe Ihres Ex. Wenn Sie die Kinder nicht gegen den Vater aufhetzen, nicht schlecht über ihn sprechen und Ihre Kinder auch nicht manipulieren, müssen weder Sie noch Ihr Partner ein schlechtes Gewissen haben, dass die Beziehung zwischen dem biologischen Vater und seinen Kindern nicht ideal verläuft. Ihr neuer Partner nimmt seine ihm legitim zustehende Rolle als sozialer Vater wahr und macht das eben offensichtlich sehr gut. Das ist ihm positiv anzurechnen und muss auch vom biologischen Vater so akzeptiert werden.

TIPP!

Eltern bleiben Eltern und voneinander abhängig, wenn es um gemeinsame Kinder geht. Bemühen Sie sich daher um ein einigermaßen akzeptables Einvernehmen mit Ihrem Ex, um Ihrer Verantwortung nachkommen zu können. Finden Sie allein absolut keine gemeinsame Gesprächsbasis mehr, sind Sie wenigstens beide offen für professionelle Hilfe durch einen Mediator, Coach oder Berater. Vielleicht ist sogar eine Therapie die einzig mögliche Variante, um einen gewissen wechselseitigen Respekt sicherzustellen, sodass man auf Elternebene ein konstruktives Miteinander findet.

Wenn der Ex Probleme macht

Katharina (13), deren Vater rund 70 km entfernt wohnt, möchte nicht mehr jedes zweite Wochenende bei ihm verbringen. Sie ist viel lieber mit ihren Freundinnen an ihrem Heimatort zusammen und auch ihre Schulleistungen leiden unter den langen Zugfahrten, die sie zweimal im Monat auf sich nehmen muss, um ihren Vater zu besuchen. Er ist vollkommen uneinsichtig und besteht auf der Beibehaltung der Besuchsregelungen. Außerdem koppelt er Geschenke zu Geburtstagen und sonstigen Anlässen an die regelmäßigen Besuche seiner Tochter und droht ihr immer wieder an, sie nicht mit auf Urlaub zu nehmen. Da Katharinas Mutter beruflich viel unterwegs ist und darauf vertraut, dass das Kind im Sommer drei Wochen bei ihrem Vater verbringt, würde dies bedeuten, dass Katharinas Beaufsichtigung während dieser Zeit nicht gesichert ist.

Gibt es immer wieder Schwierigkeiten mit Ihrem Ex, weil er sein Kontaktrecht mit den Kindern penetrant genau oder viel zu locker nimmt, suchen Sie auf alle Fälle das Gespräch mit ihm und weisen Sie ihn darauf hin, dass er mit seinem Verhalten nicht nur Ihnen, sondern vor allen Dingen auch den Kindern schadet. Ersuchen Sie ihn, auf die Bedürfnisse der Kinder Rücksicht zu nehmen, auch wenn dies bedeutet, dass hin und wieder von den vereinbarten Besuchsregelungen Abstand genommen werden muss. Machen Sie ihm klar, dass Kinder ab einem gewissen Alter eigene Interessen entwickeln, die eben im Gegensatz zu jenen der Eltern stehen, die dies eben bis zu einem gewissen Grad zu akzeptieren haben. Eine gesunde Entwicklung und ein glückliches Leben der Kinder sollte für alle Beteiligten die oberste Priorität haben.

Ihr Ex kann auch aus ganz anderen Beweggründen versuchen, Ihnen das Leben schwer zu machen. Vielleicht ist er noch immer so getrieben von Wut und Hass, dass er Ihnen das neue Glück nicht gönnt. Dann geht es ihm vielleicht gar nicht so sehr um die Kinder, als vielmehr darum, Ihnen zu schaden und das Leben schwer zu machen. Er will Sie nicht mit einem anderen Mann zufrieden und glücklich sehen, weshalb er alles daran setzen wird, als penetranter Störfaktor zu agieren. Ist Ihr neuer Mann auch noch der bessere Partner, wird dies seinen Neid weiter beflügeln. Dann kann es so weit gehen, dass Ihr Ex das Ziel verfolgt, Ihnen das neue Lebensglück zu zerstören. Dies gelingt schon mit regelmäßigen Anwaltsbriefen, Drohungen oder der Einschaltung von Gericht und Jugendamt. Wenn Sie immer wieder Sozialarbeiter im Haus haben, die die Qualität der Betreuung Ihrer Kinder überprüfen, oder in regelmäßigen Abständen zu Anhörungen vor Gericht erscheinen müssen, weil Ihr Ex nicht davor zurückschreckt, die Behörden zu bemühen, kann dies zu einer großen Belastung für Ihre Familie und auch die Beziehung zu Ihrem neuen Mann werden. Manche Exmänner setzen auch Drohungen und Erpressungsversuche ein. Sie machen die Exfrauen ständig vor ihren gemeinsamen Kindern schlecht und kündigen bei jeder Gelegenheit an, Änderungen bei den Sorgerechtsregelungen beantragen zu wollen. Telefonterror und auch Stalking sind weitere „beliebte" Maßnahmen, um ein glückliches Leben der Ex-Partnerin zu beeinträchtigen.

TIPP!

Verhindern können Sie ein solches Verhalten kaum, besonders dann nicht, wenn Ihr Ex keine Einsicht zeigt und über persönliche Gespräche nicht erreichbar ist. Üben Sie sich daher in Gelassenheit und lassen

Sie sich durch seine Drohungen nicht einschüchtern. Belasten Sie vor allen Dingen Ihre neue Beziehung nicht über Gebühr. Das hat Ihr neuer Mann nicht verdient, weshalb ein problematischer Ex niemals Ihr ganzes Leben und das Ihrer Familie dominieren darf. Spielt Ihr Ex wieder einmal verrückt und macht er Ihnen das Leben zur Hölle, bewahren Sie dennoch Ruhe. Versuchen Sie sich mit Bedacht dem Problem zu stellen und es so gut es geht aus der Welt zu schaffen. Dann widmen Sie sich wieder ganz Ihrer Familie und grübeln nicht länger darüber nach. Weder Wut noch Zorn oder Hass bringen irgendetwas, sondern schaden Ihnen nur. Ob rechtliche Schritte gegen Ihren Ex erforderlich und wann diese einzuleiten sind, müssen Sie selbst entscheiden. Sprechen Sie sich mit Ihrem Partner diesbezüglich ab. Sie müssen allerdings auf jeden Fall sofort reagieren, wenn Ihr Ex eine reale Gefahr für Sie und Ihre Kinder darstellt.

Plötzlich ist er wieder da

Kümmert sich Ihr Ex-Partner jahrelang nicht um seine Kinder und erscheint dann plötzlich wieder auf der Bildfläche, kann dies mit großen Unannehmlichkeiten verbunden sein. Ihr Leben hat sich in der Zwischenzeit total verändert, Sie haben sich eine neue Familie aufgebaut und mit einem Mal werden alle von der Vergangenheit eingeholt. Mittlerweile ist Ihr Ex auch für Sie zu einem Fremden geworden, und Ihre Kinder haben womöglich kaum noch Erinnerungen an ihn. Eine solche Situation erfordert dann sehr viel Verständnis und Einfühlungsvermögen von allen Beteiligten, um die neue Konstellation bestmöglich zu meistern.

Ist Ihr Ex kooperativ und fügt sich unauffällig am Rande in den neuen Familienverband mit ein, ist alles halb so schlimm. Problematisch wird es dann, wenn er von einem Tag auf den anderen damit beginnt, „seine Rechte als Vater" einzufordern und alle von Ihnen geschaffenen Strukturen durcheinanderzubringen. Weder Sie noch Ihr neuer Partner, der vermutlich in dieser Zeit auch zu einer engen Vertrauensperson für Ihre Kinder geworden ist, werden damit eine große Freude haben, wenn völlig unerwartet der biologische Vater plötzlich Ansprüche auf Besuchsrechte und mehr Kontakt mit seinen Kindern stellt.

Bringt Ihr Ex durch seine neu entdeckte Freude an seiner Familie Ihr gesamtes Leben durcheinander, hilft nur, ihm klarzumachen, dass primär Sie die Regeln des

Umgangs miteinander bestimmen. Natürlich können Sie auch in so einem Fall gerichtliche Anordnungen, die vielleicht vorliegen, nicht einfach umgehen, dennoch bleibt Ihnen immer, an die Vernunft des Mannes zu appellieren. War Ihr Familienleben bislang einigermaßen funktionstüchtig, werden auch Ihre Kinder zumindest am Beginn wenig Interesse haben, Zeit mit Ihrem Vater zu verbringen, da ja auch sie ihn nicht wirklich gut kennen, weil er sich bislang wenig bis gar nicht um sie gekümmert hat. Vielleicht lösen sich daher alle möglichen Probleme schnell von selbst, einfach dadurch, dass die Kinder den Kontakt von sich aus auf ein Minimum reduzieren wollen. Vielleicht vertieft sich die Beziehung zwischen Ihrem Ex und seinen Kindern aber auch wieder. Dann sehen Sie das positiv und unterstützen Sie den Kontakt, auch wenn dies für Sie und Ihren neuen Partner mit der einen oder anderen Unannehmlichkeit und Verstimmung verbunden ist.

Ihr Ex kann verschiedene Motive haben, die ihn veranlassen, wieder eine Beziehung zu Ihren gemeinsamen Kindern aufnehmen zu wollen. Einerseits kann ihn die damalige Trennung von Ihnen und den Kindern tatsächlich hart getroffen haben. Dies ist besonders dann der Fall, wenn Sie diejenige waren, die ging. Vielleicht wurde sein Traum von einer glücklichen Familie zerstört. Daher war es ihm eine Zeit lang tatsächlich nicht möglich, in Kontakt mit den Kindern zu bleiben, da ihn dies ständig an sein Scheitern und den familiären Verlust erinnert hätte. Nun kann er die Trauerphase überwunden haben und sich ehrlich um die Wiederaufnahme einer Verbindung bemühen. Speziell dann, wenn Sie ihn wegen eines anderen verließen, mit dem Sie heute vielleicht noch immer eine glückliche Familie haben, kann die Bewältigung viel Zeit benötigen.

Sie werden sehr schnell herausfinden, was die Motive Ihres Ex für den plötzlichen Kontaktwunsch mit Ihren Kindern sind, und können dann darauf entsprechend reagieren. Ist er wohlwollend und kooperativ, lassen Sie ihn behutsam und langsam ins Leben der Kinder. Alles andere würde diese überfordern und vermutlich zu Abwehrreaktionen führen. Besetzen Sie das lange Fernbleiben des Vaters ihnen gegenüber nicht negativ, sondern bemühen Sie sich in Absprache mit Ihrem Ex um eine kindgemäße und verständliche Erklärung. Sie beide müssen dabei bedenken, dass die Kinder mit Neuem, Unbekannten konfrontiert werden. Schließlich taucht ein Mann auf, den sie nur aus Erzählungen und von Bildern kennen, und möchte Kontakt. Eigentlich haben die Kinder ja bereits eine Vaterfigur in ihrem Leben, nämlich Ihren neuen Mann. Auch wenn dieser immer die Existenz des biologischen

Vaters respektiert und sich nie dessen Rolle angemaßt hat, hat er dennoch einen äußerst wichtigen Stellenwert im Leben Ihrer Kinder erlangt. Schließlich ist er es, der immer da war und ist, mit Ihnen und den Kindern in einem Familienverbund lebt und daher auch Betreuungs- und Begleitpflichten sowie Verantwortung übernommen hat. Und nun tritt noch ein Vater, nämlich der biologische, ins Leben Ihrer Familie. Drängen Sie auf alle Fälle darauf, dass auch der Ex Ihre neue Familie und dabei speziell Ihren Partner akzeptiert und respektiert. Ihr Partner ist der soziale Vater, und in dieser Rolle auch vom biologischen anzuerkennen. Dieser muss auch verstehen lernen, dass die Bindung der Kinder zum anderen aufgrund der Umstände eine engere ist. Beide Männer haben aber auch zu akzeptieren, wenn Ihre Kinder nach einer gewissen Zeit zu allen zweien eine intensive Beziehung aufgebaut haben.

Fordern Sie auch von Ihrem Partner ein, dass er Ihrem Ex seine biologische Vaterrolle zugesteht. Dies wird nicht immer einfach sein, vor allen Dingen dann, wenn er jahrelang in seiner Funktion als sozialer Vater wirklich Großartiges geleistet hat. Er kann sich in seinen Bemühungen und Errungenschaften leicht entwertet fühlen und vielleicht als Folge emotional aus der sozialen Vaterschaft zurückziehen und nicht mehr so erreichbar sein für Ihre Kinder. Dies wird vor allen Dingen dann geschehen, wenn er sie in all der Zeit wie seine eigenen gesehen hat. Daher ist sehr viel Einfühlungsvermögen und Sensibilität von Ihnen erforderlich, um diese prekäre Situation gut zu meistern.

TIPP! Suchen Sie immer wieder das Gespräch mit beiden Männern, beobachten Sie, wie sich alles entwickelt, und sprechen Sie auch mit Ihren Kindern über die Situation. Verständigen Sie sich über Erziehungsvorstellungen und die Art und Weise des Umgangs miteinander. Es werden immer wieder Korrekturen und Nachbesserungen nötig sein. Sie werden manchmal den einen und dann wieder den andern um mehr Verständnis bitten müssen und gleichzeitig darauf zu achten haben, dass Sie sich selbst in diesem Gefüge nicht aufreiben. Dann kann auch ein „wiedergefundener“ Vater sehr positive Einflüsse auf die Entwicklung Ihrer gemeinsamen Kinder nehmen.

Ihr Ex-Partner will keinen Kontakt mehr zu den gemeinsamen Kindern

Wenn der genau umgekehrte Fall eintritt und der Ex-Partner nach der Trennung kein Interesse mehr an irgendwelchen Kontakten zu seiner Familie hat, kann dies für Frauen ebenfalls harte Auswirkungen haben. Verweigert der Mann die Übernahme jedweder Vaterpflichten, befinden sie sich in einer nicht minder schwierigen Situation.

Warum ein Mann das Interesse an seinen eigenen Kindern verliert, kann viele verschiedene Ursachen haben. Vielleicht war ihm die Familie nie wirklich wichtig, möglicherweise ist es ein Racheakt, weil er die Trennung nicht verkraften kann, oder er wird diesbezüglich von seiner neuen Partnerin beeinflusst, die Kontakte mit seiner „Vergangenheit" nicht wünscht. Diese könnte seine volle Aufmerksamkeit einfordern oder er sie ihr auch freiwillig schenken mögen. Vielleicht will er nun die ganzen Energien auf seine neue Familie konzentrieren und die wenige Zeit, die ihm neben seinem Beruf noch bleibt, ausschließlich mit ihr und einem möglicherweise auch vorhandenem gemeinsamen Kind verbringen. Das kann für Ihre eigenen Kinder natürlich bitter sein. Sie können lediglich versuchen, ihren Ex auch auf seine Pflichten Ihren gemeinsamen Kindern gegenüber hinzuweisen. Tun Sie dies aber in einer freundlichen Art und ohne Schuldgefühle zu provozieren, sonst riskieren Sie, dass er sich noch weiter abwendet. Er steht natürlich zwischen den Fronten, da er sich bei generell beschränkten Zeitressourcen um seine alte und die neue Familie kümmern soll. Auf jeden Fall sollten Sie mit Ihren Kindern über die Situation sprechen, ohne wiederum den Vater schlecht zu machen. Entwickeln Sie auch selbst keine Ressentiments ihm gegenüber. Vielleicht ist es nämlich ohnehin nur eine vorübergehende Phase, und Ihr Ex beginnt sich bald wieder intensiver um Ihre gemeinsamen Kinder zu kümmern.

Was immer Ihren Ex davon abhält, Kontakte mit seinen Kindern zu pflegen, erzwingen können Sie einen solchen Umgang nicht, wenn ihn Ihr Ex-Partner absolut nicht möchte. Wohl aber haben Sie Ihren Kindern irgendwie zu erklären, dass ihr Vater bis auf weiteres nicht mehr in ihren Leben präsent sein wird. Sie müssen sich mit Fragen konfrontieren lassen, auf die Sie vermutlich nicht einmal selbst die Antwort wissen. Sprechen Sie mit Ihren Kindern behutsam über dieses Thema und lassen Sie auch deren Zorn und Wut zu. Es ist schwer für Kinder, die Trennung der Eltern zu verkraften. Noch schwerer ist es, sich von einem Elternteil verlassen zu fühlen. Die Ablehnung durch den Vater tut weh. Vermutlich auch Ihnen. Betonen Sie immer wieder, dass Ihre Kinder keinerlei Schuld daran haben, dass sich der Vater aus ihren Leben zurückgezogen hat. Machen Sie ihnen aber auch keine unrealistischen Hoffnungen, indem Sie einen baldigen Kontakt mit Ihrem Ex versprechen. Dies kann zu großen Enttäuschungen bei Ihren Kindern führen und auch das Vertrauen zu Ihnen beeinträchtigen, wenn der Vater nicht tatsächlich in einem absehbaren Zeitraum wieder gewillt ist, Kontakt aufzunehmen.

Ist Ihr Exmann auch nicht bereit, seinen Zahlungsverpflichtungen den Kindern und unter Umständen auch Ihnen gegenüber nachzukommen, bleibt Ihnen oft nichts anderes übrig, als rechtliche Schritte gegen ihn einzuleiten. Dies ist natürlich ein schwerwiegender Schritt, der ihn emotional noch weiter von seinen Kindern wegbringen könnte. Andererseits haben Sie einen Anspruch auf dieses Geld und nicht verdient, auch noch mit eventuellen finanziellen Problemen kämpfen zu müssen. Wägen Sie daher ab, welche Schritte die richtigen sind.

Selbst wenn es Ihnen gelingt, den Umgang zwischen Vater und Kindern zu erzwingen, wird dies Probleme verursachen. Es ist nicht schwer, sich auszumalen, wie ein Treffen ablaufen wird, wenn einer nicht erscheinen möchte. Wollen Sie Ihre Kinder wirklich regelmäßig dem Gefühl der väterlichen Ablehnung aussetzen? Möchten Sie tatsächlich, dass Ihre Kinder immer stärkere Aversionen gegen diesen Mann entwickeln? In solchen Situationen ist es sogar besser, wenn der Vater keine Kontakte mit seinen Kindern pflegt. Dies bedeutet ja auch nicht, dass sich die Haltung des Mannes niemals ändern wird. Vielleicht sucht er irgendwann wieder den Kontakt zu seinen Kindern, wenn er sich seiner Verantwortung als Vater bewusst wird. In der Zwischenzeit halten Sie – wenn möglich – zumindest Kontakt mit seinen Eltern oder Geschwistern und informieren Sie vielleicht diese regelmäßig über Ihre Kinder. Auch sie bleiben ja Teil der Familie Ihrer Kinder und werden so daran erinnert, dass sie auch eine wichtige Position in deren Leben einnehmen. Es schadet sicher auch nicht, wenn Sie ihnen Fotos zukommen lassen. So wird auch der Vater in indirekter Form immer wieder mit der Existenz seiner Kinder konfrontiert und findet vielleicht irgendwann einen Weg zurück zu ihnen.

Wenn der Ex verschwunden bleibt

Manchmal meldet sich der biologische Vater Ihrer Kinder tatsächlich nie mehr bei Ihnen. Waren die Kinder bei der Trennung noch sehr jung, werden Fragen nach dem Vater besonders im Zuge der Identitätsfindung virulent. Auch wenn Sie sich nicht mehr an die Zeiten mit diesem Mann zurückerinnern wollen, haben Ihre Kinder das Recht, von Ihnen zu erfahren, wer er war. Sprechen Sie daher sachlich über Ihren Ex und erklären Sie vielleicht auch, warum es zur Trennung kam.

Verweigern Sie auf keinen Fall Ihre Bereitschaft, Ihre Kinder bei der Suche nach und Kontaktaufnahme mit ihrem Vater zu unterstützen. Dies sollte auch dann gelten, wenn Sie das Gefühl haben, diesem Mann niemals verzeihen zu können. Was immer er Ihnen auch angetan hat, müssen Sie mit sich selbst ausmachen. Es geht um Ihre Kinder, und diese haben einen Anspruch darauf, ihren Vater kennen zu lernen. Springen Sie über Ihren Schatten und nehmen Sie sich in Ihren negativen Gefühlen und Ressentiments zurück. Auch wenn Ihre Kinder ab einem gewissen Alter von sich aus und ohne vorherige Absprache mit Ihnen den Kontakt zu ihrem Vater aufnehmen und dieser auf diese Weise wieder zu einem Bestandteil Ihres Lebens wird, lassen Sie dies zu. Sie müssen nämlich damit rechnen, dass Ihre Kinder Verständnis für das lange Schweigen des Vaters haben und ihm alles verzeihen. Eine zukünftige engere Bindung zwischen Vater und Kinder ist daher nicht ausgeschlossen. Unterlassen Sie es, vorwurfsvoll darauf hinzuweisen, dass schließlich Sie es waren, die bisher alleine für die Kinder gesorgt hat. Diese haben ein Recht, auch ihren Vater zu lieben, egal, wie sich dieser objektiv betrachtet auch verhalten haben mag. Das müssen Sie leider akzeptieren, auch wenn Sie sich in Ihren Leistungen für die Kinder entwertet und in keiner Form wertgeschätzt fühlen. Was man von Ihnen allerdings nicht verlangen kann, ist, dass auch Sie Beziehungen zum „wiedergefundenen" Vater pflegen, die über die grundsätzlichen Angelegenheiten der Kinder hinausgehen.

TIPP! Auch wenn die damit verbundenen emotionalen Belastungen für Sie fast unbewältigbar erscheinen, achten Sie darauf, Ihren neuen Partner nicht zu sehr in alle Probleme miteinzubinden. Natürlich soll er Sie unterstützen, und Gespräche mit ihm über die ganze Situation können sehr hilfreich sein. Doch auch er braucht Zeiten mit Ihnen, die unbeschwert und fröhlich sind. Ein ständiges Wälzen von Problemen belastet auch noch Ihre Beziehung zu ihm und zur restlichen Patchwork-Familie. Suchen Sie daher lieber professionelle Hilfe, wenn Sie mit den Schatten der Vergangenheit nicht klarkommen. Und stehen Sie auch Ihren Kindern und deren Beziehung zum (endlich wieder präsenten) Vater nicht im Wege.

Besinnen Sie sich immer des Wohles Ihrer Kinder

Natürlich ist es möglich, Jugendämter und Gerichte zu bemühen, um „Rechte" zu erkämpfen, von denen man glaubt, dass sie einem in Bezug auf den Kontakt mit den Kindern zustehen. Behörden sollten aber immer der allerletzte Ausweg sein, nicht nur, weil Verfahren langwierig, nerventötend und oft auch kostspielig sind, sondern auch, weil immer die Auswirkungen auf alle Beteiligten im Auge behalten werden müssen. Wenn Eltern nur mehr über Anwälte verkehren, löst dies auch etwas in Kindern aus. Was diese sicher nicht lernen, sind Konfliktfähigkeit, Toleranz und eine gewisse Gesprächskultur. All dies sind aber Fertigkeiten, die ein ganzes Leben lang in den verschiedensten beruflichen und privaten Situationen benötigt werden. Kinder verlieren durch die Trennung ihrer Eltern vorübergehend ohnehin ihren Halt, ihr bedingungsloses Gefühl der Sicherheit, ihre Unbeschwertheit und ihr grenzenloses Vertrauen in Vater und Mutter. Werden sie nun auch noch zu Opfern von Manipulationsversuchen und bekommen sie immer mehr das Gefühl, dass sie in dem ganzen Trennungsdilemma als Druckmittel missbraucht werden, kann dies bei ihnen zu nachhaltigen psychischen Auswirkungen und Problemen führen. Davor sei gewarnt und immer daran erinnert, dass bei allem Hass, tiefster Wut und größtem Zorn auf der Paarebene die Elternebene lebenslange Verantwortung und Zuständigkeit einfordert – und zwar von Vater und Mutter.

Wer erzieht die Kinder?

Unterschiedliche Erziehungsstile der Patchwork-Eltern

In Patchwork-Familien entsteht oft Streit, wenn es um Erziehungsfragen geht. Dies ist an sich nichts Besonderes, denn auch in Kernfamilien kommt es diesbezüglich immer wieder zu Auseinandersetzungen, schließlich bringen in beiden Fällen Vater wie Mutter ihre ganz persönliche Lebensgeschichte in die Beziehung mit ein. Dazu zählen die selbst gemachten Erziehungserfahrungen als Kind und Jugendlicher und die daraus resultierenden Prägungen der eigenen Biografie. Solche Erlebnisse bzw. deren Reflexion beeinflussen dann die Erziehungsmuster bei den eigenen Kindern. Je unterschiedlicher diese sind, umso schwieriger ist es, sich mit seinem Partner auf eine gemeinsame Erziehungslinie zu verständigen. Oft sind die Ansichten völlig verschieden, und es fällt schwer, sich auf einen tragfähigen Konsens zu verständigen.

Geprägt durch Ihr Elternhaus haben Sie ganz bestimmte Vorstellungen von der Erziehung der Kinder. Entweder wollen Sie alles ähnlich machen wie Ihre Eltern oder Sie entscheiden sich dazu, einen ganz anderen Weg zu gehen. Ihrem Partner geht es vollkommen gleich. Auch ihn hat seine Erziehung geformt, und er steht den Methoden seiner Eltern heute mit Wohlwollen oder Ablehnung gegenüber.

Haben Sie in Ihrer Kindheit und Jugend ein offenes demokratisches Erziehungsverhalten der Eltern erlebt, werden Sie vermutlich bestrebt sein, ein solches auch bei Ihren eigenen Kindern anzuwenden. War Ihre Erziehung durch Strenge und Härte geprägt, werden Sie eher danach streben, Ihren Kindern gegenüber mehr Milde und Verständnis walten zu lassen. Umgekehrt kann es natürlich auch sein, dass Ihnen der Erziehungsstil Ihrer Eltern als zu gleichgültig und wenig wirksam erschien. Dann werden Sie möglicherweise ein strafferes und geordneteres Vorgehen den Kindern gegenüber befürworten.

Ähnliche Probleme im Erziehungsverständnis der Eltern treten zwar eben auch in Kernfamilien auf, allerdings kommen bei Patchwork-Familien noch einige weitere erschwerende Faktoren dazu. Haben Sie bereits eigene Kinder, konnten Sie bereits gelungenere oder weniger erfolgreiche Erziehungsmodelle erproben. Das trifft auch auf Ihren Partner zu. Hat nun Ihr Partner ganz andere Vorstellungen von Kindererziehung als Sie, kann dies zu großen Problemen führen, und zwar bei der Erziehung eines gemeinsamen Kindes, bei jener von seinen, aber auch Ihren eigenen Kindern. Ganz wichtig ist daher, sich auf ein einigermaßen konformes Vorgehen zu verständigen.

Bevor man sich überhaupt auf gemeinsame Erziehungsstrategien einigt, muss man sich erst einmal fragen, wer in welcher Form erziehungstechnisch eigentlich für welche Kinder zuständig ist. Was haben Sie als Patchwork-Mutter dem Kind Ihres Partners zu sagen? Muss es sein Zimmer aufräumen, wenn Sie das wollen? Darf im Gegensatz dazu Ihr Partner Ihr eigenes Kind zur Rede stellen, wenn dieses die Schule schwänzt? Wie weit geht die Erziehungsgewalt von Ihnen als Patchwork-Eltern? Was umfasst sie? Weitgehend alles, oder haben Sie Ihrem Patchwork-Kind tatsächlich „gar nichts zu sagen“, weil Sie nicht seine Mutter sind? Hat Ihr Ex wirklich das Recht, mehr erzieherischen Einfluss auszuüben als der soziale Vater, mit dem Ihr Kind lebt und der ihm nach Meinung seines biologischen Vaters rein gar nichts anzuordnen hat, obwohl dieser nicht einmal obsorgeberechtigt ist? Es gibt – wie bereits beschrieben – einige gesetzliche Bestimmungen bezüglich der Erziehung von Kindern in Patchwork-Familien. Vieles muss aber dennoch familienintern weiter ausgehandelt und auf Ihre spezielle Situation hin adaptiert werden.

Wie Sie sehen, gibt es nämlich viele Möglichkeiten, um Erziehungszuständigkeiten zuzuweisen und wahrzunehmen. Aber nicht nur das. Dinge, die Sie unter Umständen bei den eigenen und den Patchwork-Kindern extrem stören, etwa wenn diese überall ihre schmutzige Wäsche herumliegen lassen, können bei Ihrem Partner nicht einmal ein Kopfschütteln auslösen. Für ihn sind das vielleicht pubertäre Auswüchse, die irgendwann vergehen und daher nicht weiter tragisch. Sie hingegen wollen vielleicht in so einer Unordnung einfach nicht leben, da Ihnen Sauberkeit sehr wichtig ist. Vielleicht stören Ihren Partner im Gegenzug die schlechten Essgewohnheiten und mangelnden Tischsitten Ihrer Kinder. In seiner Herkunftsfamilie waren Manieren möglicherweise ganz wichtig, und er möchte diese Tradition auch in seiner Patchwork-Familie fortsetzen. Ihrem Ex, mit dem die Kinder die halbe Woche verbringen, sind hingegen solche Dinge vielleicht vollkommen egal und das Verständnis Ihrer Kinder ist daher ebenfalls absolut nicht vorhanden. Sie finden so ein Getue beim Abendessen vielleicht „retro“ und „aus dem vorigen Jahrhundert“ und zeigen sich alles andere als bereit, ein wenig davon zu übernehmen. Die Erziehungsmethoden Ihres Partners können Ihnen als zu strikt und völlig überzogen oder aber auch als zu nachsichtig oder gar nachlässig erscheinen. Auch Ihr Partner kann in vieler Hinsicht nicht mit Ihrem Erziehungsstil einverstanden sein und es fällt Ihnen beiden schwer, sich mit Ihren jeweiligen Erziehungsmethoden anzufreunden. Das kann immer wieder zu Streitigkeiten führen, weshalb Gespräche über Ihre jeweiligen Erziehungskonzepte und -modelle stets sehr wichtig sind. Lehnen Sie seine Erziehungsmaßnahmen ab, sprechen Sie das an. Lassen Sie aber auch Kritik an den Ihren zu. Einigen Sie sich dann gemeinsam darauf, was jeder verändern soll. Nur durch den regelmäßigen Austausch kann sichergestellt werden, dass Sie sich auch auf ein gemeinsames Vorgehen einigen. Dies hilft, diesbezügliche Konflikte zu verhindern, und sichert zugleich Einigkeit und Konsistenz im Erziehungsverhalten innerhalb der Patchwork-Familie.

Die Erziehungstätigkeit der biologischen Eltern

Häufig kommt es auch vor, dass Ihre Kinder beim Vater und Ihre Patchwork-Kinder bei deren Mutter mit anderen Erziehungsvorstellungen konfrontiert sind als bei Ihnen zu Hause. Vielleicht hat der Vater Ihrer Kinder nichts gegen stundenlange Computerspiele, es ihm ist egal, wann ein Kind zu Bett geht und er hält Pommes frites mit Ketchup für ein akzeptables Mittagessen. Möglicherweise misst die Mutter Ihrer Patchwork-Kinder einem sauberen Auto keine Bedeutung bei, genehmigt aber, dass sich Ihre Töchter schon im Grundschulalter die Haare färben und die Wimpern tuschen.

Katja mag es gar nicht, wenn ihre Tochter Lisa das Wochenende bei ihrem Vater und dessen neuer Frau Carina verbringt. Wenn Lisa am Sonntag zu ihr zurückkommt, hat sie nie die Hausübungen gemacht und droht, vom Gymnasium abgehen zu wollen und eine Lehre zu machen, obwohl sie eine sehr gute Schülerin ist. Katja führt dies auf den Einfluss von Carina zurück, die ein kleines Kosmetikstudio betreibt. Während sie selbst für Lisa ein Studium vor Augen hat, wäre es Carina sehr recht, wenn Lisa in ihrem Betrieb mitarbeitet. Lisas Vater hält sich aus der Diskussion weitgehend heraus, da er Streit vermeiden möchte.

Anna darf bei ihrem Vater und dessen neuer Freundin Ellen nicht fernsehen und auch im Internet nur kurze Zeit surfen. Beide wollen, dass sie stattdessen liest und sich mit „intelligenteren" Dingen beschäftigt. Auch auf die Ernäh-

rung wird streng geachtet. Süßigkeiten sind tabu und auch sonst wird sehr gesund gegessen. Annas Mutter Angelika wird häufig für ihren Erziehungsstil kritisiert. Besonders Ellen weist gerne darauf hin, dass „man eben von einer Verkäuferin nicht mehr erwarten könne" und es ein Glück wäre, dass Anna immer wieder Zeit mit ihnen verbringe. Diese Aussagen treffen Angelika sehr und am liebsten wäre ihr, Anna würde nie mehr zu den beiden gehen. Sie arbeitet hart für ihren Lebensunterhalt und versucht ihrem Kind möglichst viel zu bieten. Im Gegensatz zu Ellen hat sie nicht studiert und fühlt sich daher immer minderwertiger. Oft hat sie Angst, dass sich Anna eines Tages für sie schämt oder sich sogar abwendet. Mit ihrem Exmann kann sie darüber nicht sprechen, da er ganz im Bann seiner neuen Frau steht und überzeugt von deren guten Einfluss auf Anna ist.

Weder Sie noch Ihr neuer Mann haben Mitspracherechte hinsichtlich der Erziehungsvorstellungen Ihrer Ex-Partner. Solange Ihre Kinder nicht darunter leiden und wirklich Schaden nehmen, müssen Sie es hinnehmen, dass in den beiden Familien, die Ihre Kinder nun haben, unterschiedliche Erziehungskonzepte und möglicherweise auch Wertvorstellungen existieren. Erklären Sie Ihren Kindern, dass Menschen eben verschiedene Ideen und Vorstellungen vom Leben haben. Ermutigen Sie Ihre Kinder nicht, die Regeln im Hause Ihrer anderen Elternteile und deren neuer Partner zu missachten. Das kann nur zu Problemen führen, und zwar in erster Linie für Ihre Kinder. Sehen Sie auch die Vorteile dieser Konstellation. Ihre Kinder lernen so sehr schnell, sich auf verschiedene Situationen flexibel einzustellen. Dies ist eine Fertigkeit, die für ihr Leben sehr wertvoll sein kann. Außerdem verkraften Kinder unterschiedliche Erziehungsstile in verschiedenen Haushalten in der Regel ziemlich gut. Damit Kinder nicht in Konflikt mit den unterschiedlichen Wertvorstellungen und Lebensauffassungen in den beiden Familien kommen, sollten alle Erwachsenen die Lebensform in der jeweils anderen Familie respektieren und nicht verurteilen.

Gina und ihr neuer Lebenspartner Hans sind Öko-Freaks, ernähren sich vegan und gehen bisweilen „dumpstern". Beide arbeiten halbtags in einer sozialen Einrichtung und führen mit ihren Kindern aus früheren Beziehungen, die alle bei ihnen wohnen, ein bescheidenes Leben. Ralf, Ginas Exmann, arbeitet als Manager in einer großen Bank und hält nichts vom Lebensstil der Mutter seiner Kinder. Wenn diese das Wochenende bei ihm und seiner neuen Frau Eva verbringen, äußert er sich immer wieder negativ über Gina und Hans. Er kritisiert absolut alles an ihnen, hält Hans für einen kompletten Versager und versucht, seinen Kinder die eigenen Werte wie Erfolg, Disziplin und das Streben nach materiellem Wohlstand zu vermitteln. Sandra (10) und Clara (11) erkennen den Unterschied zwischen den Lebensstilen ihrer beiden Eltern und haben auch kein Problem damit. Sie fühlen sich bei ihrem Vater und der Mutter gleichermaßen wohl, wäre da nicht ständig das abschätzige Verhalten von Ralf. Sandra verteidigt ihre Mutter und Hans, der sich sehr nett um die Kinder kümmert, wodurch es immer wieder zu Konflikten mit dem Vater kommt. Eva stellt sich dann auf die Seite ihres Mannes und schimpft gemeinsam mit ihm über die mangelnde Erziehungskompetenz von Gina und Hans. Beide nehmen kaum Rücksicht auf die Gefühle der beiden Mädchen, die in einen schlimmen Loyalitätskonflikt geraten.

TIPP! Versuchen Sie auch im Fall vollkommen unterschiedlicher Wert- und Erziehungsvorstellungen in den verschiedenen Familien die zu sein, die um Ausgleich und Kompromiss bemüht ist, und nicht jene, die durch ihre mangelnde Toleranz und eine offen demonstrierte Ablehnung anderer Lebensformen am meisten Probleme verursacht. Das bringt niemandem etwas, am wenigsten Ihnen selbst.

Verantwortlich bleibt der biologische Elternteil

Die Hauptverantwortung für die Erziehung der Kinder verbleibt bei den jeweiligen biologischen Elternteilen. Natürlich können Sie sich auch bei Ihren Patchwork-Kindern einbringen, wenn Sie das Gefühl haben, dass ihr Benehmen nicht akzeptabel ist, oder Sie beobachten, dass sich diese selbst oder anderen schaden. Wenn immer möglich, besprechen Sie dies aber zuerst mit Ihrem Partner, bevor Sie selbst irgendwelche erzieherischen Maßnahmen setzen. Erst wenn dieser damit einverstanden ist, dass auch Sie Erziehungsaufgaben übernehmen und er dies seinen Kindern unmissverständlich mitgeteilt hat, sollten Sie tatsächlich eingreifen. Ansonsten werden Sie sich nur die Wut seiner Kinder zuziehen, was die Situation weiter verschärft. Zudem müssen Sie sicher sein, dass Ihr Partner Ihre Erziehungsaktivitäten bei seinen Kindern auch unterstützt, was nur dann der Fall sein muss, wenn er Ihnen einerseits ausdrücklich Mitverantwortung übertragen hat und andererseits mit Ihren Methoden auch vollkommen einverstanden ist. Sie werden trotzdem immer nur zusätzlich zur biologischen Mutter Erziehungsverantwortung übernehmen können, sogar dann, wenn dies nicht einmal im besten Interesse der Kinder ist. Nur wenn diese wirklich durch die eigene Mutter in ihrem Wohl und ihrer Entwicklung gefährdet wären – was, objektiv betrachtet, glücklicherweise nur sehr selten vorkommt –, würde dieser Umgang gerichtlich untersagt werden.

Wenn sich der Patchwork-Vater Ihrer Kinder an deren Erziehung beteiligen will, ist dies grundsätzlich lobenswert, da er sich einbringen und Sie unterstützen möchte. Dennoch sollten Sie immer darauf achten, dass die Hauptverantwortung für die Erziehung Ihrer eigenen Kinder auch bei Ihnen als Mutter verbleibt. Ihr neuer Partner sollte nur in klarer Absprache mit Ihnen bei Ihren Kindern erzieherisch tätig werden dürfen. Auch wenn er sich auf diese Weise in bestimmten Bereichen ausgeschlossen fühlen wird, sollten Sie daran nichts ändern. Die Erziehung der Kinder ist und bleibt Aufgabe der biologischen Eltern. Das bedeutet natürlich nicht, dass sich Ihre Kinder ihm gegenüber nicht anständig zu verhalten haben und Ihr Partner Ihnen bei Erziehungsfragen nicht auch immer wieder hilfreich zur Seite stehen sollte. Nur die Hauptverantwortung sollten Sie in Ihrer Familie keinesfalls aus der Hand geben.

Obwohl sich Inga auch über die freche Art ihrer Tochter ärgert, verteidigt sie sie dennoch gegenüber Svens Erziehungsversuchen, die sie als viel zu hart und streng erachtet. Auch wenn dies zu einem Beziehungsstreit führt, ist es für Inga die Chance, ihrem Partner ein für alle Mal klarzumachen, dass sie diese Art der Erziehungstätigkeit bei ihren Kindern nicht toleriert und er seine Interventionen in Zukunft zu unterlassen hat.

Geben Sie aber eindeutige Signale und verändern Sie nicht ständig die Erziehungserwartungen an Ihren neuen Partner. Erbitten Sie dasselbe von ihm in Hinblick auf seine Kinder. Sie beide müssen wissen, was Sie in diesem Bereich konkret voneinander wollen. Ist es beiden lieber, wenn sich der andere heraushält, kommunizieren Sie dies einander ebenfalls. Stimmen Sie Ihre Vorstellungen miteinander ab und kommen Sie überein, wie weit die Erziehungstätigkeit des anderen reichen soll und was sie alles umfassen darf. Vergessen Sie dabei aber nicht, dass natürlich die anderen biologischen Elternteile der Kinder das wichtigere Mitspracherecht bei deren Erziehung haben als die Patchwork-Eltern. Da in vielen Fällen die elterliche Obsorge beiden Elternteilen zukommt, kann und muss der ehemalige Partner in vielen Belangen, welche die Kinder betreffen, mitentscheiden. Eine gute Zusammenarbeit ist für das Wohlbefinden der Kinder außerordentlich wichtig. Der Schlüssel dazu liegt in einer guten Kommunikation.

Wünschen Sie gar keine Erziehungstätigkeit Ihres Partners und wollen Sie diese bei Ihren Kindern ganz alleine oder nur in Absprache mit deren biologischem Vater übernehmen, dann ist dies auch eine legitime Entscheidung. Sie müssen diese aber Ihrem neuen Partner ebenfalls klar mitteilen. Gleichermaßen müssen Sie abklären, welche Form der Unterstützung er sich von Ihnen bei der Erziehung seiner Kinder wünscht. Vergessen sollten Sie beide nie, dass (Patchwork-)Elternsein viel mehr ist als das Setzen von Erziehungsmaßnahmen. Hier geht es in erster Linie um Liebe, Verständnis, Wertschätzung, Loben und die Vermittlung von Werten.

TIPP!

Einigen sich Ihr Partner und Sie auf eine weitgehend gemeinsame Erziehung aller Kinder, unterstützen Sie sich gegenseitig und kritisieren Sie sich nicht ständig. Natürlich haben Sie unterschiedliche Stile und Vorstellungen, und es braucht Zeit, um diese aufeinander abzustimmen. Alles abzulehnen, was der Partner an Erziehungsmustern einbringt, ist falsch. Er wird sich dann verletzt und beleidigt fühlen, und das kann nicht Ihr Ziel sein. Aber auch er hat sich in seiner Kritik zurückzuhalten und in erster Linie nach gemeinsamen Wegen und Lösungen zu suchen. Vielleicht bleiben bestimmte Bereich übrig, in denen es keinen Konsens geben wird. In diesen Situationen wird es dann mit ziemlich hoher Wahrscheinlichkeit darauf hinauslaufen, dass Sie Ihre eigenen Kinder nach Ihren Vorstellungen erziehen und er die seinen nach seinen Konzepten. Auch das kann bei ein bisschen gutem Willen relativ konfliktfrei ablaufen. Hinweise wie etwa: „Mach doch, was du willst. Es sind deine Kinder“ oder: „Mir kann es ja egal sein. Ich bin nicht die Mutter. Du wirst schon sehen, was daraus wird“ sind allerdings kontraproduktiv und wirken sich belastend auf Ihre Paarbeziehung aus. Es geht nicht darum, sich gegenseitig zu beweisen, dass man die zielführenderen Erziehungsstrategien hat, sondern einvernehmlich im Sinne der Kinder zu agieren.

Die Erziehungsverantwortung des Partners für dessen eigene Kinder

Tim (12) und Sonja (13) verbringen jedes Wochenende bei ihrem Vater Max und dessen neuer Frau Alexandra. Sie findet Max Kinder unerzogen und unhöflich ihr gegenüber. Ihr wäre es lieber, sie würden nicht mehr zu ihnen kommen. Wenn sie mit Max darüber spricht, findet er immer Ausreden für ihr Verhalten. Einmal ist es die Scheidung, dann die psychisch instabile Mutter oder er hält Alexandra vor, intolerant und kleinlich zu sein. Max scheut allerdings davor zurück, erzieherische Maßnahmen zu setzen, da er dafür seiner Meinung nach die Kinder zu selten sieht. Wenn Alexandra das eine oder andere Mal erzieherisch tätig wird, kommt es immer wieder zum Eklat. Tim und Sonja sind nicht wirklich bösartig und mögen Alexandra auch, wollen aber nicht von ihr zurechtgewiesen werden.

Es ist ein häufiger Fall, dass sich Väter weigern, ihren Erziehungsaufgaben nachzukommen, wenn sie mit den Kindern nicht täglich zusammen sind. Dennoch ist es ihre Aufgabe, dafür zu sorgen, dass grundsätzliche Prinzipien des Umgangs miteinander auch von ihren Kindern eingehalten werden. Es bewährt sich selten, wenn Sie als Patchwork-Mutter Erziehungsaufgaben übernehmen, da dies von den Kindern nur als Überschreitung Ihrer Kompetenzen wahrgenommen wird. Seine Kinder haben Respekt Ihnen gegenüber zu zeigen, sich höflich zu verhalten und auch im Haushalt ein wenig mitzuhelfen, wenn sie das ganze Wochenende bei Ihnen verbringen. Schließlich ist es auch Ihr Haus und Sie haben das Recht, die Einhaltung bestimmter Regeln zu verlangen.

Gehen Ihre Patchwork-Kinder einen Schritt weiter und behandeln sie nicht nur wie Luft, sondern sind richtig aggressiv und feindselig zu Ihnen, kann dies weitere Probleme verursachen. Kinder sind in diesbezüglichen Strategien sehr erfindungsreich, und die Ablehnung Ihnen gegenüber kann sich in Beschimpfungen, Drohungen oder auch Beleidigungen äußern. Kinder können unter Umständen auch ihren Vater unter Druck setzen und ihm drohen, den Kontakt abzubrechen, wenn er sich nicht von Ihnen trennt. In diesem Fall ist in erster Linie er gefragt, der sich klar an Ihrer Seite positionieren muss. Er hat deutlich zu machen, dass Sie nun ein Teil seines Lebens sind und er erwartet, dass dies seine Kinder entsprechend akzeptieren. Dabei ist es ganz wichtig, dass derartige Gespräche mit den Kindern sensibel und einfühlsam verlaufen und man sich im Klaren ist, dass all dies viel Zeit benötigt. Sprechen auch Sie in netter und verständnisvoller Weise mit den Kindern, sagen Sie ihnen aber, dass Sie in jedem Fall das Leben mit ihrem Vater teilen werden, auch ohne deren Zustimmung. Signalisieren Sie ihnen aber auch, dass es im Interesse aller sein sollte, einander zu akzeptieren und an einem harmonischen Familienleben zu arbeiten.

TIPP!

Sprechen Sie mit Ihrem Partner darüber, wenn sich seine Kinder Ihnen gegenüber nicht angemessen verhalten. Sie haben ein Recht auf höfliches Verhalten und Respekt. Es ist seine Aufgabe, die Kinder daran zu erinnern, dass Sie sich Ihnen gegenüber ordentlich verhalten müssen. Sie müssen es auch nicht dulden, wenn Sie die Kinder ignorieren. Versuchen Sie dennoch, immer wieder mit den Kindern in Beziehung zu gehen. Sie können ihnen auch vermitteln, wie es Ihnen damit geht, wenn Sie so behandelt werden. Wenn Sie über Ihre Gefühle sprechen, kann dies vielleicht zu einer größeren Verbundenheit zwischen ihnen führen. Sagen Sie den Kindern ruhig, dass die vorherrschende Situation auch für Sie nicht wirklich einfach ist und man vielleicht gemeinsam Problembereiche bewältigen sollte.

Erstellen Sie gemeinsam Regeln

Ihrem Partner fällt die Aufgabe zu, Situationen, die für Sie schwierig zu ertragen sind, zu entschärfen. Er hat Ihre Regeln mitzutragen. Natürlich ist es aber kontraproduktiv, wenn Sie Ihre Vorstellungen durchdrücken wollen, ohne auf die Gefühle und Bedürfnisse aller anderen Beteiligten einzugehen. Beziehen Sie daher Ihren Partner genauso wie die Kinder mit ein, wenn es darum geht, verbindliche Richtlinien für das Zusammenleben zu erstellen. Dies gilt zum Beispiel, wenn Sie festlegen wollen, wer an den Besuchswochenenden oder auch sonst wofür zuständig ist. Natürlich ist den Kindern zuzumuten, dass sie Ihnen in der Zeit, in der sie bei Ihnen wohnen, auch zur Hand gehen. Dies gilt selbst dann, wenn sie bei der biologischen Mutter keine Aufgaben zu übernehmen haben. Dies ist nun einmal Ihr Haus, in welchem auch Ihre Regeln gelten.

So kann man gemeinsam entscheiden, wer das Tischdecken übernimmt, wer für den Müll zuständig ist und wer den Geschirrspüler ausräumt. Dies gibt den Kindern Mitspracherechte, und sie haben nicht das Gefühl, dass alles über ihren Kopf hinweg entschieden wird. Auch wenn sich die Kinder zu Beginn gegen Ihre Vorgaben zur Wehr setzen werden, wird sich im Laufe der Zeit alles einspielen. Alles wird eine Eigendynamik bekommen und zur Routine werden. Dies begünstigt auch den Abbau von möglichen Ressentiments Ihnen gegenüber, sobald Sie Mithilfe einfordern oder Anweisungen geben, und gleichzeitig werden Situationen, die bei Ihnen Ärger hervorrufen, reduziert.

Katja (16) hasst ihre Patchwork-Mutter Andrea (38). In ihren Augen ist sie der Grund, dass ihr Vater Klaus die Familie verließ. Andrea begann als Sekretärin im Betrieb von Katjas Eltern und verliebte sich in ihren Chef. Dieser entschied sich nach einem dreijährigen Hin und Her schließlich für Andrea und ließ sich nach fast 20-jähriger Ehe scheiden. Katjas Mutter kommt nach wie vor nicht darüber hinweg und versäumt keine Gelegenheit, um ihr Kind gegen die neue Frau an der Seite ihres Exmannes aufzuhetzen. Klaus weiß das und leidet sehr unter Katjas aggressivem Verhalten Andrea gegenüber. Immer wenn sie bei ihnen ist, kommt es zum Streit. Katja schreckt auch vor wüstesten Beschimpfungen nicht zurück und hofft durch ihr Benehmen, Andrea zu vertreiben. Für dieses Verhalten bekommt sie von ihrer Mutter Zuspruch und Ermunterung und manchmal sogar kleine Belohnungen. Klaus Versuche, seine Exfrau zur Vernunft zu bringen und zu veranlassen, die Realität zu akzeptieren und weitere Manipulationen zu unterlassen, scheitern. Katja fungiert weiter als verlängerter Arm für die Hassgefühle ihrer Mutter, und Andrea versucht den Kontakt mit ihr immer mehr zu meiden. Auch auf ihre Beziehung mit Klaus hat das Verhalten von Katja negative Auswirkungen. Nach jedem Besuchswochenende kommt es auch zum Streit zwischen Klaus und Andrea, da beide mit dieser Situation sehr unglücklich sind. Während Klaus von Andrea mehr Verständnis für das Verhalten seiner Tochter fordert, sieht sich Andrea von ihm im Stich gelassen und wirft ihm vor, seiner Tochter alles nachzusehen und von ihr selbst Unzumutbares zu verlangen. Immer wieder denkt Andrea daran, Klaus vor die Entscheidung zu stellen, sich für das Kind oder für sie zu entscheiden.

Unterstützt ein Mann seine neue Partnerin nicht gegenüber den Anfeindungen seiner Kinder aus der vorangegangenen Beziehung, wird ein Gelingen der Patchwork-Familie sehr schwierig sein. Auch wenn man Zuneigung von Kindern nicht erzwingen kann, ist ihr allgemeines zivilisiertes Verhalten der Patchwork-Mutter gegenüber einzufordern. Genau dies kann aber nur der Vater machen, und er muss es auch tun, wenn er nicht das Scheitern seiner neuen Familie begünstigen möchte. Er ist auch mitverantwortlich dafür, mit seinen Kindern die Trennung der Eltern aufzuarbeiten, damit sie bereit sind, neue Partner an deren Seite zu akzeptieren. Dabei kann er sich durch professionelle Beratung unterstützen lassen, die auch bei der Bewältigung des Verlustes der intakten Familie helfen kann. Sprechen Sie mit ihm darüber und sagen Sie auch offen, wo Ihre Grenzen sind. Sie müssen nicht mit einer Situation leben, die für Sie unerträglich ist. Ihr Partner ist aufgerufen, daran etwas zu ändern, da er der einzige ist, der dies auch kann.

Weigert er sich, klare Verhältnisse zu schaffen und seine Kinder in ihre Schranken zu weisen, um Ihnen so das Leben zu erleichtern, sollten Sie auch in Betracht ziehen, die Beziehung zu hinterfragen. Nehmen Sie in seinem Leben wirklich den Stellenwert ein, der Ihnen zusteht? Wenn ja, wird er alles daran setzen, um eine Lösung für das Problem zu finden. Wenn nein, ist das für Sie auch ein Signal, das Sie in Hinblick auf Ihre weitere Lebensplanung durchaus ernst nehmen sollten.

Ihre Kinder lehnen Ihren Partner ab

Trennungskinder haben Verlusterfahrungen zu verarbeiten, der Kontakt mit dem Vater findet nicht mehr regelmäßig statt und oft gibt es nur Treffen zu bestimmten

Tagen. Somit bleibt die Mutter die einzige konstante Figur im Leben solcher Kinder. Kommt nun ein neuer Mann ins Leben, bedroht dieser auch die Beziehung der Kinder zur Mutter, da sie ab diesem Zeitpunkt die wichtigste Person in ihrem Leben mit einem Fremden teilen müssen. Sie werden daher unter Umständen alles tun, um diesen Mann aus Ihrem und den eigenen Leben wieder zu vertreiben. In ihrer Wahrnehmung haben sie Sie dann wieder ganz für sich allein und müssen Sie schlimmstenfalls mit den Geschwistern teilen. Sobald Sie mit einem neuen Mann zusammenleben, bedeutet dies für Ihre Kinder auch, dass es kein Zurück mehr zu deren Vater gibt. Vielleicht haben sie bis zu diesem Zeitpunkt gehofft, dass sie alle wieder eine Familie werden, und müssen nun die Endgültigkeit der Situation erkennen. Es kann durchaus vorkommen, dass Ihre Kinder Ihren neuen Partner dafür verantwortlich machen. Solange Sie noch getrennte Wohnsitze haben, ist es durchaus möglich, dass Ihre Kinder ein gutes Verhältnis zu Ihrem neuen Partner haben. Man sieht sich nicht regelmäßig, es gibt kaum Reibungsflächen und die negativen Seiten eines alltäglichen Zusammenlebens sind unbekannt. Das ändert sich natürlich schlagartig, sobald Sie und die Kinder mit Ihrem Partner zusammenziehen. Da wird von allen Seiten Toleranz erwartet und ein respektvoller Umgang miteinander eingefordert. Für Kinder ist dies oft sehr schwierig, schließlich ist Ihr neuer Mann ein Fremder für sie.

Lehnen Ihre Kind Ihren neuen Partner ab, ist es erforderlich, mit allen viele Gespräche zu führen. Kinder können sehr verletzend sein und je nach Alter auch äußerst subtil, aber wirksam in ihrer Zurückweisung. Auch wenn es Sie traurig macht, dass Ihre Kinder Ihr neues Glück nicht mittragen möchten, versuchen Sie auch deren Beweggründe zu verstehen. Gibt es offene oder auch versteckte Konflikte zwischen Ihrem neuen Partner und Ihren Kindern, geraten Sie schnell zwischen die Fronten. Das kann sich negativ auf das familiäre Klima und auch auf Ihre Lebensfreude auswirken. Zudem belastet eine solche Situation natürlich zusätzlich Ihre Beziehung zu Ihrem Partner. Auch der Traum von einer neuen Familie wird sich so kaum verwirklichen lassen, da sich Ihre Kinder nicht darauf einlassen wollen. Fragen Sie sich daher, ob Sie wirklich bereit sind, ständig zu vermitteln und möglichst neutral zu bleiben. Natürlich wird es immer wieder Momente geben, wo Sie Ihre Kinder verteidigen werden, obwohl sie gar nicht wirklich im Recht sind. Von Ihrem Partner können Sie Verständnis erwarten und darauf drängen, dass er als Erwachsener nicht alle Anfeindungen von Seiten der Kinder so ernst nehmen soll.

Versuchen Sie den Animositäten Ihrer Kinder dem Mann gegenüber auf den Grund zu gehen. Geben Sie den Kindern auch immer zu verstehen, dass sie stets den wichtigsten Platz in Ihrem Herzen haben werden, Sie aber diesen Mann lieben und gerne mit ihm leben möchten. Sagen Sie ihnen auch, dass ein weiteres Zusammenleben mit ihrem Vater unmöglich ist, und geben Sie ihnen Zeit, sich an die neue Situation zu gewöhnen. Allerdings müssen Ihre Kinder akzeptieren, dass Sie sich für diesen Mann als Ihren neuen Partner entschieden haben, auch wenn sie ihn unsympathisch, unfreundlich, dick, alt und hässlich finden. Mit wem Sie Ihr Leben verbringen möchten, ist einfach ausschließlich Ihre Entscheidung. Dabei haben Ihre Kinder nun einmal kein Mitspracherecht. Machen Sie ihnen daher klar, dass Ihr neuer Partner einfach zum gemeinsamen Leben gehört.

Dieser wird von Ihren Kindern unweigerlich an deren Vater gemessen, was nicht immer vorteilhaft für ihn ausfallen muss. Vielleicht ist der Vater jünger, besserverdienend, sportlicher oder witziger. Wenn Ihr neuer Partner von den Kindern ständig mit Ihrem Ex verglichen wird, kann ihn dies verunsichern. Es kann Ihren Partner auch belasten, wenn ihn Ihre Kinder spüren lassen, dass er so gar nicht das ist, was sie sich für ihre Mutter wünschen. Machen Sie Ihrem Partner in solchen Fällen klar, dass Sie ihn genau wegen seiner speziellen Eigenschaften so lieben. Weisen Sie darauf hin, wie sehr Sie seine Zuverlässigkeit und Genauigkeit schätzen, die Ihre Kinder vielleicht als Pedanterie interpretieren, wo doch der eigene Vater so cool und locker ist, oder loben Sie ihn für seine Tiefgründigkeit und seine geistreichen Konversationen, auch wenn Ihr Ex viel schlagfertiger und unterhaltsamer war, woran von Ihren Kindern bei jeder sich bietenden Gelegenheit erinnert wird. Sie haben sich in diesen Mann verliebt, wie er ist, und er muss wissen, dass nur das für Sie zählt. Schließlich hatte es ja auch seine Gründe, warum es mit Ihrem Ex nicht funktionierte. Ihre Kinder machen einen wichtigen Lernprozess durch, wenn sie verstehen lernen, dass es viele verschiedene Menschen mit den unterschiedlichsten Charakteren gibt, die alle auf ihre Art und Weise liebenswert sind.

Kinder sehen den Patchwork-Elternteil oft als Eindringling in eine homogene familiäre Struktur, die sich bis zu dessen Erscheinen zwischen ihnen und der Mutter bzw. dem Vater gebildet hat. Der andere Elternteil lebt nicht mehr mit ihnen zusammen, weshalb sich oft ein sehr enges Band zwischen den Kindern und dem verbliebenen gebildet hat. Auf den ersten Blick scheint kein Platz für eine neue Person zu sein, mit der noch dazu die Liebe und Aufmerksamkeit der Mutter oder des Vaters geteilt werden muss. Dies trifft besonders dann zu, wenn die Patchwork-Mutter oder der Patchwork-Vater Tendenzen zeigen, den fehlenden biologischen Elternteil zu ersetzen und sich Erziehungsmacht gegenüber den Kindern anmaßen. So leiden diese Kinder nicht nur unter dem Verlust eines Elternteils, sondern haben oft Angst, den zweiten ebenso – in diesem Fall an eine andere Person – zu verlieren. Tief verunsichert veranlasst sie das oft zu massiven Abwehrreaktionen mit dem Ziel, den neuen Partner oder die neue Partnerin der Eltern aus dem innersten familiären Kreis so schnell wie möglich wieder hinauszustoßen. Natürlich reagieren Kinder unterschiedlich und manche finden sich problemlos mit der neuen Situation ab. Besonders wenn die Beziehung zum anderen Elternteil während des Bestehens der alten Familie mit vielen Problemen behaftet war, können sich auch Kinder darüber freuen, dass es dem anderen Elternteil nun in der neuen Beziehung besser geht. Gelingt es dem Patchwork-Elternteil, eine Beziehung zu den Kindern des Partners aufzubauen, stehen die Chancen sehr gut, dass man sich diesmal zu einer glücklichen Familie zusammengefunden hat.

Sind Ihre Kinder allerdings absolut nicht bereit, an einer umgänglichen Atmosphäre mitzuwirken, und müssen Sie am Ende daher einsehen, dass all Ihre Bemühungen vergeblich waren, kann das sehr bitter sein. Alle wünschen sich berechtigt Ruhe und ein harmonisches Klima im häuslichen Umfeld. Ist dies aufgrund des Verhaltens Ihrer Kinder absolut nicht herzustellen, bleibt zu befürchten, dass am Ende entweder Sie oder auch Ihr Partner die Entscheidung treffen werden, sich zu trennen.

Wann man auf seine Kinder hören sollte

Ist die Ablehnung Ihres Partners durch Ihre Kinder jedoch berechtigt, weil er gewalttätig oder süchtig ist, die Kinder sexuell belästigt oder Sie ausnützt und übervorteilt, was den Kindern nicht verborgen bleibt, ist es Ihre Pflicht, sofort entsprechende Konsequenzen zu ziehen. Auch wenn Sie den Mann noch so lieben, geht es in erster Linie darum, Ihre Kinder zu schützen und vor Schaden zu bewahren. Schließlich sind Sie deren Mutter und verantwortlich für ihr Wohlergehen. Auch wenn Sie selbst von Ihrem neuen Mann schlecht behandelt werden, kann dies bei Ihren Kindern Aggressionen hervorrufen. Kinder wollen, dass es ihren Eltern gutgeht, und wenn sie sehen, dass beispielsweise ihre Mutter beschimpft, beleidigt oder gar geschlagen wird, werden sie alles tun, um ihr auf eigene Weise zu Hilfe zu kommen. Dabei haben Kinder ein sehr feines Gefühl für das Glück ihrer Eltern und merken schnell, wenn sie in der Beziehung mit ihrem neuen Partner leiden.

Fragen Sie sich in so einem Fall selbst, ob Sie tatsächlich so eine Partnerschaft wollen oder nicht doch besser alles beenden, bevor Sie noch tiefer in Ihr Unglück rutschen. Ihre Kinder können ein sehr guter Seismograf sein. Achten Sie daher auf deren Reaktionen. Denn nicht immer lehnen Kinder den neuen Partner der Mutter aus egoistischem Eigeninteresse ab, sondern einfach, weil sie sehen, dass ihre Mutter alles andere als das große Glück in diesem Mann gefunden hat.

Abschließend sei gesagt, dass Ihre Kinder Ihren neuen Partner nicht lieben, wohl aber als den Mann an Ihrer Seite akzeptieren müssen. Es ist Ihre Entscheidung, mit wem Sie zusammen sein möchten. Mit ein wenig Glück wird Ihr Partner mit der Zeit zu einem ganz wichtigen Menschen im Leben Ihrer Kinder, nämlich dann, wenn es ihm gelingt, mit viel Geduld, Einfühlungsvermögen und Verständnis in die Rolle eines sozialen Vaters hineinzuwachsen.

Das Kind als „Partner“

Meistens kommt der Partner in ein bereits bestehendes familiäres Konstrukt, das aus seiner neuen Frau oder einem Mann und deren Kindern besteht. Es liegt schon eine klare Rollenverteilung vor und die Kleinfamilie hat sich nach der Trennung der Eltern irgendwie arrangiert. Es gibt Regeln und präzise Abläufe. Oft bleiben daher einem neuen Partner kaum Spielräume, um eigene familiäre Vorstellungen und Interessen einzubringen. Er/sie muss sich mehr oder weniger in bereits Bestehendes eingliedern. Dies ist natürlich weder für Männer noch für Frauen immer einfach.

Besonders problematisch kann es dann werden, wenn Kinder in jener Phase, in der sie mit einem Elternteil alleine lebten, als Ersatz für den verlorenen Partner oder die verlorene Partnerin des Elternteils fungierten. Oft schrecken Eltern nämlich meist unbewusst nicht davor zurück, ihre Kinder entsprechend zu funktionalisieren. Diese werden mit Mitverantwortung überfrachtet, für die sie weder die körperliche noch die geistige Reife mitbringen. Bedenken Sie daher immer, dass Ihre Kinder Ihre Kinder sind – und nicht Partner auf gleicher Augenhöhe, die Ihnen zur Seite stehen, wenn Sie mit Problemen zu kämpfen haben. Kinder brauchen vor allen Dingen in schwierigen Phasen selbst jemanden, der sie stützt und bei der Bewältigung des Verlustes ihrer alten Familie begleitet.

Söhne, die nach der Trennung mit ihrer Mutter zusammenleben, übernehmen nicht selten Aufgaben, die zuvor der Vater für die Familie erledigt hat. Dies verlangt ihnen einen Reife- und Verantwortungsgrad ab, den sie im jugendlichen Alter nicht besitzen können. Wenn nun die Mutter einen neuen Mann hat, fällt es schwer, wieder die Rolle des Kindes anzunehmen. Schließlich haben sie bereits in schwierigen Phasen bewiesen, wozu sie fähig sind. Dasselbe gilt für Töchter, wenn sie mit ihren Vätern und oft auch kleineren Geschwistern zurückbleiben. Dann übernehmen sie zwangsläufig die Mutterrolle und kümmern sich um die jüngeren Kinder. Auch sie lernen früh, Verantwortung zu übernehmen, die keinesfalls altersgemäß ist. Haben nun die Eltern neue Partner, sind auch sie oft nicht bereit, diese Position wieder aufzugeben. Männliche und weibliche Jugendliche sehen sich dann in ihren Kompetenzen und Zuständigkeiten bedroht. Die Rückkehr in die Rolle des „erziehungsbedürftigen" Kindes wird abgelehnt und um den Erhalt der zwischenzeitlich erlangten Position mit allen Mitteln gekämpft. Um zu einer annehmbaren Lösung für alle zu gelangen, ist es oft notwendig, professionelle Hilfe in Anspruch zu nehmen. Berater oder Therapeuten sind gut geschult und können gemeinsam mit allen Familienmitgliedern Strukturen für die Patchwork-Familie erarbeiten, die für alle akzeptabel sind.

Grundsätzlich gilt auch in einer Patchwork-Familie, dass Sie mit Ihren Kindern nicht über Probleme in der Beziehung zu Ihrem neuen Partner sprechen sollten. Sie sind Ihre Kinder und keine Vertrauten auf selber Ebene, die man mit derartigen Problemen belasten sollte. Bereden Sie solche Themen mit Freundinnen oder Ihrer Schwester. Streiten Sie auch nicht vor den Kindern, weder mit deren Vater noch mit Ihrem neuen Partner.

Es sind alle Kinder gleich und trotzdem anders

Legen Sie bei allen Kindern gleiche Erziehungsmaßstäbe an? Ist es wirklich nicht so, dass Sie bisweilen Ihr eigenes oder das gemeinsame Kind seinen gegenüber bevorzugen? Vielleicht bemühen Sie sich ja auch, gleiche Grundsätze bei allen anzuwenden, während Ihr Partner eindeutig Präferenzen zugunsten seiner Kinder an den Tag legt. Darf seine Tochter laut Musik spielen, während ihn dies bei Ihrer stört? Betont er vor Freunden stets stolz die mickrigen Studienerfolge seines Sohnes, während die Promotion Ihrer Tochter unerwähnt bleibt? Weist er ständig auf die sportliche Begabung seiner Jüngsten hin, obwohl er ganz genau weiß, wie stark übergewichtig sie ist?

Haben Sie beide Kinder aus vorherigen Beziehungen, ist es oft sehr schwierig, alle gleich zu behandeln. Natürlich steht Ihnen Ihr eigenes Kind immer am nächsten, Ihrem Partner das seine aber auch. Der Wunsch, eigene Kinder und Patchwork-Kinder genau gleich zu behandeln, ist Illusion. Es geht auch gar nicht darum. Das ist ohnehin so gut wie unmöglich. Denn selbstverständlich stehen Eltern ihren biologischen Kindern gefühlsmäßig immer näher. Wohl aber sollten Sie und Ihr Partner darauf bedacht sein, alle Kinder gleich zu behandeln, wenn es um das Zusammenleben und den familiären Alltag geht. Bei der Erziehung und im Umgang mit ihnen sollten möglichst gleiche Maßstäbe angelegt werden. Versuchen Sie beide, ungerechtfertigte Benachteiligungen zu unterlassen. Die dürfen einfach nicht sein. Daher ist es ratsam, dass sich Sie und Ihr Partner auf klare Regeln und Vorgaben einigen, die für alle Kinder gleichermaßen gelten.

Andererseits ist es insbesondere in Familien mit eigenen und Patchwork-Kindern wichtig, dass die biologischen Kinder immer wieder exklusive Zuwendung von ihrem eigenen Elternteil erhalten. Nehmen Sie sich bewusst Zeit für Ihre eigenen Kinder, auch wenn es nur eine Stunde pro Woche ist. Diese Zeit gehört dann Ihnen und Ihren Kindern ganz allein. So empfinden Ihre Kinder auch keine Eifersucht den Patchwork-Geschwistern gegenüber, da ihre exklusive Position bei ihrer Mutter nicht in Frage gestellt wird.

Haben Sie und Ihr Partner auch noch gemeinsame Kinder, werden Sie beide Ihre spezielle Zuwendung unter allen Ihren eigenen Kindern aufteilen. Das ist normal. Allerdings müssen Sie dann auch verstehen, dass Ihr Partner alle seine biologischen Kinder, die mit Ihnen und jene mit einer anderen Frau, vermutlich gleich lieben wird. Warum sollte er das Kind, welches er mit Ihnen hat, auch lieber haben als sein anderes? Es sind ja beide seine.

Besuchswochenenden

Patchwork-Kinder, die nur zeitweise bei einem Elternteil leben, sind besonders hin- und hergerissen zwischen den unterschiedlichen Lebensformen ihrer beiden neuen Familien. An den Besuchswochenenden befinden sich Kinder immer irgendwie in einer Ausnahmesituation. Sie sind nicht Teil ihrer täglichen Routine, und die Kinder müssen sich immer wieder neu einfinden. Auch alle anderen Beteiligten müssen sich stets neu darauf einstellen, wenn die Kinder zu Besuch sind. Das kann eine sehr stressintensive Zeit sein, die oft zu kurz ist, um sich wirklich aufeinander einzulassen. Oft sind auch die wechselseitigen Erwartungen hoch und daher nicht selten Anlass für Enttäuschungen.

Vielleicht erleben auch Sie die Besuche Ihrer Patchwork-Kinder hauptsächlich als Belastung und ungewollte Durchbrechung der Lebensroutine. Besonders unangenehm ist es, wenn Ihre Partnerschaft darunter zu leiden beginnt, da die Besuchswochenenden immer wieder Anlass für Konflikte zwischen Ihnen und Ihrem Partner sind. Die wechselnde Umgebung, die neuen Personen und das nicht so vertraute Ambiente können sich nämlich negativ auf das Benehmen Ihrer Patchwork-Kinder auswirken. Oft lässt auch die Erziehungstätigkeit der biologischen Mutter zu wünschen übrig. In Ihrem Haus können Sie auf die Einhaltung bestimmter Regeln bestehen, nicht aber Maßnahmen zur Durchsetzung setzen. Das ist die Aufgabe des Vaters. Auch wenn dieser Schuldgefühle hat und nicht in der wenigen Zeit, die er mit den Kindern verbringt, als der Strafende und Disziplinierende agieren möchte, hat er sich um ein Mindestmaß an Wohlverhalten seiner Kinder zu kümmern. Vermutlich wird er vieles, was Sie als inakzeptabel erachten, nicht so schlimm sehen. Versuchen Sie auch, alles milder zu betrachten und möglichst Zugeständnisse zu machen. Haben Sie Verständnis für Ihren Partner, der ein guter Vater sein möchte, mit dem seine Kinder gerne Zeit verbringen. Das werden sie nicht tun, wenn er ständig schimpft, nörgelt und bei jeder Gelegenheit Disziplin einfordert. Er will seinen Kindern vielleicht einfach ein lustiges, unbeschwertes Wochenende bieten und möchte jede Art von Konflikt vermeiden. Möglicherweise möchte er aber auch die Erziehungsaufgabe ganz der biologischen Mutter überlassen und sich dabei heraushalten. Was immer seine Motive für seine Zurückhaltung bei Erziehungsfragen sein mögen, können Sie trotz allem Respekt und ein gewisses Benehmen seiner Kinder Ihnen beiden gegenüber einfordern. Versagt die Mutter bei der Erziehung, sollte Ihr Partner das Gespräch mit ihr suchen. Ein völlig falscher Weg ist aber, die Erziehungsaufgabe Ihnen allein zu übertragen. Das ist nun einmal nicht Ihre Verantwortung. Lassen Sie sich daher von Ihrem Partner auch nicht in die Rolle der Disziplinierenden und Strafenden drängen.

Missbrauchen Sie aber auch nicht Ihre Autoritätsposition, um Ihre Wut über die generelle Situation an Kindern auszulassen. Auch wenn Sie eigentlich überhaupt nicht wollen, dass seine Kinder die Wochenenden bei Ihnen verbringen, ist es nicht akzeptabel, ein Klima zu schaffen, welches den Kindern den Aufenthalt bei ihrem Vater verleidet.

Vergessen Sie nicht, dass sich Ihre Patchwork-Kinder auch immer wieder auf neue Regeln und von ihnen erwartete Verhaltensweisen einstellen müssen. Das, was bei Ihnen erlaubt ist, ist vielleicht bei der Mutter der Kinder verboten. Dürfen Sie bei Ihnen am Wochenende länger aufbleiben und fernsehen, kann dies bei der Mutter und deren neuem Partner außer Diskussion stehen. Vielleicht erlauben Sie Ihren Patchwork-Kindern langes Ausschlafen, während in der anderen Familie auch an Wochenenden pünktlich um sieben Uhr der Wecker läutet.

Einigen Sie sich auch in diesem Fall gemeinsam mit allen Kindern auf verbindliche Regeln während der Zeit, die Sie miteinander verbringen. So können Sie durchaus auch Ihre Vorstellungen einbringen und Ihr Partner muss zu Kompromissen bereit sein, wenn sich Ihre beiden Erziehungskonzepte nicht in jeder Hinsicht decken. Auch sind Kinder eher bereit, gemeinsam ausgehandelte Regeln zu akzeptieren. Allerdings muss besonders der Vater diese mittragen. Ansonsten werden die Kinder diese nicht befolgen und Ihnen jeglichen Autoritätsanspruch absprechen.

Kinder, die nur zeitweise in der neuen Familie leben und ansonsten ihren Lebensmittelpunkt beim anderen Elternteil haben, entwickeln oft das Gefühl, nicht richtig dazuzugehören. Sie sind nicht immer da und haben daher mehr die Funktion von Gästen als von richtigen Familienmitgliedern. Oft fühlen sie sich in der neuen Familie alles andere als zu Hause. In vielen Fällen ist es einfach aus finanziellen Gründen nicht möglich, dass Patchwork-Kinder, die nicht ständig bei der Familie leben, auch ein eigenes Zimmer haben. Dennoch sollte man ihnen einen Platz geben, wo sie ihre persönlichen Dinge aufbewahren können. So kann ihnen wenigstens irgendwie signalisiert werden, dass sie auch dazugehören und ein Teil der neuen Familie sind. Haben sie einen Ort, wo sie Kleidung und Spielzeug lassen können, wird alles schnell viel vertrauter. Dann können sie auch viel leichter von einer Familie zur anderen wechseln, ohne dass langwierig Koffer gepackt werden müssen und immer wieder wichtige Utensilien wie Zahnbürsten vergessen werden.

Nur keine Konflikte?

Erwachsene wollen vergangene Kapitel in ihrem Leben oft schnell abschließen und möglichst wenig Erinnerung daran zulassen. Sie vermeiden es daher, sich mit der Vergangenheit auseinanderzusetzen und blicken lieber in die Zukunft. In der neuen Familie soll alles besser und schöner werden. Besondere Anstrengungen, um Streit und Konflikte zu vermeiden, sind daher keine Seltenheit. Eine Zeit lang kann auch alles sehr friedlich verlaufen, da die Familienmitglieder miteinander sehr vorsichtig und verständnisvoll umgehen. Wut, Eifersucht, Traurigkeit und Ärger lassen sich aber nicht ewig unterdrücken. Das gilt für Kinder und Eltern gleichermaßen. Irgendwann entladen sich diese Gefühle, was die Patchwork-Familie immer wieder in Krisen stürzen kann. Das lässt sich mit einer bewussten Auseinandersetzung verhindern, bei der es gilt, einen klar definierten stabilen Beziehungsrahmen zu schaffen und auftretende Konflikte gemeinsam zu erörtern und zu lösen.

Rituale und Regeln helfen bei der Erziehung

In der Ursprungsfamilie und der daran anschließenden Kleinfamilie kommen jeweils unterschiedliche Verhaltensweisen und Regeln zur Anwendung, ohne dass sich die Familienmitglieder ihrer richtig bewusst sind. Man spielt sich jedes Mal neu ein. Und eben dies ist auch jetzt notwendig, wenn neue Personen in eine Familie kommen. Während viele Frauen die Tendenz haben, durch ihr Überengagement für die neue Familie keinesfalls dem Image der „bösen Stiefmutter“ entsprechen zu wollen, tendieren manche Männer eher dazu, ihre Unsicherheiten im neuen Familienverband durch die Einführung von Regeln, Richtlinien und Kontrollmechanismen zu reduzieren und auf diese Weise ihre Position innerhalb der Patchwork-Familie zu sichern. Ähnlich verhalten sich Patchwork-Väter, wenn sie das Gefühl haben, nur als Mitbewohner in einer Gemeinschaft akzeptiert zu werden, und ihnen das eben zu wenig ist. Damit stoßen sie aber meistens auf Unverständnis, Widerstand und Ablehnung. Daher ist es notwendig, Regeln und Rituale gemeinsam zu überdenken, anzupassen und neu zu gestalten. Nur so können alle einen respektvollen Umgang miteinander verinnerlichen, Problemlösungskompetenzen entwickeln und eine verantwortungsvolle Beziehung zueinander aufbauen.

Bei der Erziehungstätigkeit können nämlich ganz konkrete Regeln und Rituale helfen. Daran können sich alle Familienmitglieder orientieren, sie geben Halt und vermitteln Sicherheit. Das Zusammenleben wird reibungsloser und ein konfliktfreies Miteinander leichter. Wird das Schlafengehen ritualisiert, können Kinder schneller zur Ruhe kommen, aber auch der Start in den Tag wird einfacher und entspannter sein, wenn der Morgen mit einer eingeübten Routine verbunden ist. Gleiches gilt für Hausaufgaben, wenn sie nach einem festgelegten Schema erledigt werden, und vieles andere mehr.

Solche Rituale und Regeln werden meist schon im frühen Kindesalter verinnerlicht und zur Selbstverständlichkeit, wenn man mit ihnen aufwächst. In klassischen Familien ist das ohne viele Worte möglich. Die so geprägte Familienkultur wird von den Kindern unbewusst verinnerlicht. Und eben diese Prinzipien und Leitlinien der Familie prägen die Kinder. Leben diese nun in der neuen Patchwork-Familie, müssen sich solche Regeln erst entwickeln und Rituale verinnerlicht werden. Auch das braucht Zeit. Langsam gewöhnen sich die Familienmitglieder schließlich an die neuen Leitlinien, was das Zusammenleben weniger konfliktanfällig macht und so erleichtert.

Checkliste

Nehmen Sie sich Zeit und beantworten Sie folgende Fragen:

Ich bin mit dem Erziehungsstil meines Partners nicht einverstanden, weil	**JA**	**NEIN**
er nicht alle Kinder gleich behandelt	☐	☐
er nicht immer die gleichen Maßstäbe anlegt	☐	☐
er zu den Kindern zu streng ist	☐	☐
er seinen Kindern mehr durchgehen lässt als meinen	☐	☐
er bei Fehlern der Kinder zu lange unversöhnlich bleibt	☐	☐
er zu wenig Strenge beweist	☐	☐
er zu vieles bagatellisiert	☐	☐
er bei meinen Kindern immer wieder Erziehungsmaßnahmen ergreift, die ihm gar nicht zustehen	☐	☐
er bei seinen Kindern immer wieder Erziehungsmaßnahmen unterlässt, die dringend erforderlich wären	☐	☐
er sich nicht immer an unsere gemeinsamen Abmachungen bezüglich der Zuständigkeit für die Kindererziehung hält	☐	☐
er sich nicht immer an unsere gemeinsamen Abmachungen bezüglich der Methoden für die Kindererziehung hält	☐	☐
ich seine Erziehungsmethoden völlig ablehne	☐	☐
er meine Erziehungsmethoden völlig ablehnt	☐	☐

er bei seiner Erziehungstätigkeit viel zu impulsiv reagiert	☐	☐
er viel zu harte Strafen wählt	☐	☐
er im Gegensatz zu mir ein Vertreter der antiautoritären Erziehung ist	☐	☐
ich im Gegensatz zu ihm eine Vertreterin der antiautoritären Erziehung bin	☐	☐
Erziehung von seiner Seite her gar nicht stattfindet	☐	☐
er ständig die Erziehungsmaßnamen meines Ex kritisiert und unterläuft	☐	☐

Sehen Sie sich Ihre Antworten an und überlegen Sie, welche Bereiche der Kindererziehung in Ihrer Familie Probleme bereiten. Sprechen Sie mit Ihrem Partner darüber und versuchen Sie gemeinsam Lösungswege zu finden und sich in Ihrem Erziehungsverhalten stärker anzunähern.

Familien und Freunde

Eine große Rolle für das Glück und Gelingen einer Patchwork-Familie spielen auch die jeweiligen (erweiterten) Familien und deren positiver oder negativer Einfluss auf die Patchwork-Familie. Oftmals nehmen Verwandte, wie zum Beispiel die Großeltern, eine Rolle ein, die es dem Patchwork-Elternteil erschwert, sich in den Familienverband zu integrieren. Es kann durchaus passieren, dass Sie als Eindringling und Störfaktor von der Familie Ihres Partners gesehen werden. Sie fühlen sich unwillkommen und abgewiesen und bekommen die ablehnende Haltung seiner Familie deutlich zu spüren. Vielleicht wird Ihnen sogar vermittelt, dass sich die Familie die Rückkehr seiner Ex wünscht. Oder aber Sie müssen gegen das Vorurteil der „bösen Stiefmutter“ ankämpfen, etwa weil „besorgte“ Mitglieder der Herkunftsfamilie Ihres Partners gegen seine Verbindung mit Ihnen sind und glauben, die Kinder vor Ihnen schützen zu müssen. Sie können zwar kaum die Vorlieben Ihrer Schwiegereltern beeinflussen, müssen aber niemandem beweisen, dass Sie eine „gute Stiefmutter“ sind, sondern Ihr Verhalten zu den Kindern Ihres Partners nur diesen und sich selbst gegenüber verantworten.

Geben Sie es daher auf, sich zu ärgern oder gar die „bessere“ Schwiegertochter sein zu wollen. Sie sind, wie Sie sind – weshalb Sie Ihr Mann auch liebt. Ihre Schwiegereltern müssen Sie nicht mögen. Es geht nur darum, den Kindern zuliebe einigermaßen höfliche Umgangsformen zu wahren. Und zwar von beiden Seiten. Dabei ist Ihr Partner gefragt, der im Fall Ihrer totalen Ablehnung durch seine Familie klare Worte finden muss. Natürlich ist es möglich, dass auch seine Familie Zeit braucht, um sich an die neue Situation zu gewöhnen. Dennoch haben Sie das Recht, dass man Sie als Frau an der Seite des Sohnes oder Bruders akzeptiert. Falls es Ihr Partner unterlässt, sich deutlich zu positionieren, sind Probleme vorprogrammiert. Es geht nicht darum, zu erwarten, dass er sich gegen seine Familie stellt, wohl aber Ihren Platz darin unmissverständlich einfordert. Dies bedeutet, dass Sie selbstverständlich davon ausgehen können, zu allen Familienfeiern eingeladen zu werden. Sie müssen nicht tolerieren, dass Sie aus Rücksichtnahme auf die biologische Mutter seiner Kinder nicht dabei sein dürfen. Dass aber eventuell auch die Ex Ihres Partners eingeladen ist, müssen Sie akzeptieren.

Nora (38) ist seit vier Jahren mit Patrick (37) verheiratet. Sie führen eine glückliche Ehe, dennoch gibt es immer wieder Streit wegen seiner Familie. Nora fühlt sich ausgegrenzt und abgelehnt. Sie ist zwar zu allen Familienfeiern eingeladen. Allerdings ist Sofia, Patricks erste Frau, mit der er drei Kinder hat, auch immer dabei. Die Schwiegereltern signalisieren Nora unmissverständlich, dass sie Sofia nach wie vor als ihre Schwiegertochter betrachten. Patricks und Sofias Hochzeitsfotos stehen weithin sichtbar im Wohnzimmer der Schwiegereltern, von Nora und Patrick gibt es kein einziges. Auch nach so langer Zeit passiert es Patricks Mutter immer wieder, dass sie Nora mit Sofia anspricht. Sich dafür zu entschuldigen, findet sie nicht nötig. Patrick, der immer eine sehr gute Beziehung zu seinen Eltern hatte, sieht sich zwischen den Fronten stehen. Er weiß um die Problematik, will aber keinen Streit mit seinen Eltern. Ein Gespräch mit ihnen verweigert er und weist Nora darauf hin, dass sie eben alt seien und noch sehr unter seiner Scheidung von Sofia leiden würden. Sie solle dies akzeptieren und keinen unnötigen Stress provozieren. Patricks Verhalten verletzt Nora sehr. Sie fühlt sich von ihm im Stich gelassen und beginnt sich emotional immer mehr von ihm zu distanzieren.

Es ist ziemlich wahrscheinlich, dass seine Familie die biologischen Enkelkinder, Nichten und Neffen bevorzugt. Das kann sich bei Geschenken äußern, in Aktivitäten niederschlagen, von denen Ihre Kinder ausgeschlossen werden, oder auch durch klare Worte geschehen. Dagegen können weder Sie noch Ihr Mann etwas tun. Denken Sie aber immer daran, dass Ihre Kinder eigene Großeltern haben, die sie lieben.

All die erwähnten Probleme, die Sie möglicherweise mit der Familie Ihres Ex haben, kann aber auch er mit Ihrer Herkunftsfamilie haben. Vielleicht lehnen ihn Ihre Eltern und Geschwister ab und geben ihm keine Chance, seinen Platz im Familienverband zu finden. Dann müssen Sie handeln und dies durch Gespräche mit Ihrer Familie ändern.

Es kann auch schwierig sein, Zugang zum Freundeskreis des Partners zu finden. Dieser kann sich noch immer solidarisch mit der Ex zeigen und sich Ihnen gegenüber reserviert und ablehnend verhalten. Das kann bitter sein, besonders dann, wenn Sie gar nicht der Trennungsgrund waren. Da hilft nur Geduld. Sie können aber von Ihrem Partner erwarten, dass er auch von seinen Freunden Respekt Ihnen gegenüber abverlangt und einfordert und dass seine Entscheidung, mit Ihnen zusammen sein zu wollen, akzeptiert wird.

Marie und Lukas leben in einer Patchwork-Familie. Während Lukas Eltern Marie mit offenen Armen aufgenommen haben und froh sind, dass ihr Sohn nun das große Glück mit ihr gefunden hat, sind seine Freunde weniger begeistert von ihr. Rebekka, Lukas erste Lebensgefährtin, hat noch immer zu den meisten von ihnen Kontakt. Sie verbindet eine lange Geschichte miteinander, in der sie viel gemeinsam erlebt haben. Marie kommt sich vor wie ein Fremdkörper und unternimmt ungern etwas mit Lukas Freunden. Der möchte aber auch die Verbindung zu ihnen nicht abbrechen lassen, da er einige bereits seit seiner Schulzeit kennt. Marie entschließt sich, mit Lukas einen neuen, gemeinsamen Freundeskreis aufzubauen. Seine alten Freunde sind dabei auch willkommen und langsam entspannt sich die Lage. Marie gehört nach kurzer Zeit wie selbstverständlich überall dazu.

Checkliste

Nehmen Sie sich Zeit und beantworten Sie folgende Fragen:

Die Beziehung zur Familie und den Freunden meines Partners ist für mich problematisch, weil	**JA**	**NEIN**
ich mich von ihnen abgelehnt fühle	☐	☐
ich mich von ihnen nicht als Frau an seiner Seite akzeptiert fühle	☐	☐
sie noch immer seiner Ex nachtrauern	☐	☐
sie mir die Eignung als Patchwork-Mutter absprechen	☐	☐
sie mich (mit)verantwortlich machen für die Scheidung ihres Sohnes	☐	☐
sie die Ex lieber haben als mich	☐	☐

sie mich noch immer manchmal irrtümlich mit dem Vornamen der Ex ansprechen	☐	☐
sie nach wie vor Fotos von der Ex im Wohnzimmer stehen haben	☐	☐
sie die Ex zu allen Festen und Feiern einladen	☐	☐
sie mich nicht zu allen Festen und Feiern einladen	☐	☐
sie uns beide, die Ex und mich, zu Familienfeiern/Feiern unter Freunden im kleinen Kreis einladen	☐	☐
sie die Ex unterstützen, wann immer sie etwas braucht	☐	☐
sie eine gemeinsame Geschichte mit der Ex haben	☐	☐
sie die Ex seit Teenagertagen kennen	☐	☐
ich Angst habe, niemals richtig dazuzugehören	☐	☐
ich fürchte, nie zu einem wirklichen Familienmitglied/Mitglied der Freundesgruppe zu werden	☐	☐
auch in meiner Gegenwart immer wieder über alte Zeiten gesprochen wird	☐	☐
sie sich negativ über mein bisheriges Leben äußern	☐	☐
sie meine Kinder nicht mögen	☐	☐
sie die Kinder meines Partners gegen mich aufhetzen	☐	☐
sie mich am liebsten aus dem Leben ihres Sohnes/Freundes verbannen wollen	☐	☐

Sehen Sie sich Ihre Antworten an und überlegen Sie mit Hilfe der folgenden Fragestellungen, ob es Möglichkeiten gibt, um Ihre Beziehung zu seiner Familie und zu seinen Freunden zu verbessern. Schreiben Sie Ihre Gedanken auf und lesen Sie sich Ihre Überlegungen nach einigen Tagen nochmals durch. Sprechen Sie auch mit Ihrem Partner darüber und versuchen Sie, gemeinsame Lösungswege zu finden.

Was können
Sie ändern, was
nicht?

Wo besteht
Handlungsbedarf
Ihres Partners?

Wo gibt es
Chancen für eine
Kompromisslösung?

Wo müssen Sie Ihr
eigenes Verhalten
in Hinblick auf
die Familie und
die Freunde Ihres
Partners überdenken
und vielleicht
verändern?

Weitere Problembereiche

Die Tabuisierung des Lebens als Patchwork-Familie

Ein weiterer Problembereich entsteht dann, wenn das Paar bestrebt ist, die Patchwork-Familie sämtliche Funktionen der ursprünglichen Kernfamilie übernehmen zu lassen. Dies gelingt in der Realität nämlich nicht. Der Anspruch an ein Patchwork-Konstrukt, eine Kernfamilie zu ersetzen, ist unerfüllbar und daher zum Scheitern verurteilt. Auch wenn der Gründung einer Patchwork-Familie ein Scheitern von Beziehungen vorangeht und dies von den Patchwork-Eltern als Niederlage oder Versagen empfunden wird, ist es der falsche Weg zu glauben, dass mit der Bildung einer neuen Familie die Vergangenheit ausgelöscht wird. Das Bemühen, durch den Zusammenschluss mit einem neuen Partner fehlende Elemente in der Familie zu ersetzen und die Familienmitglieder wieder in ein „gewohntes" Gefüge zurückzuführen, um erneut einen familiären „Normalzustand" herzustellen, kann nicht zum Erfolg führen. Patchwork-Familien folgen ihren eigenen Gesetzmäßigkeiten, Vorgaben und Mustern, und das ist zu respektieren, wenn man ihren Erfolg nicht vereiteln möchte.

Es ist daher bedenklich, wenn sich eine Patchwork-Familie nicht nur im Innenverhältnis, sondern auch im gesellschaftlichen Alltag als „normale" Kernfamilie darstellen möchte, welche nach deren Regeln lebt. So wird versucht, den von der Familie getrennt lebenden Elternteil durch den Patchwork-Elternteil zu ersetzen. Die Patchwork-Mutter bzw. der Patchwork-Vater sollen mit allen Pflichten und Rechten fest in der Patchwork-Familie verankert werden. Dies dient der schnellen Beseitigung auftretender Probleme und Schwierigkeiten, die die Trennung vom biologischen Elternteil mit sich gebracht hat. Im gesellschaftlichen Leben scheinen somit alle Probleme gelöst zu sein, da die Familie wieder vollständig ist und Mutter und Vater in einer „klassischen" Paarbeziehung leben und sich gemeinsam um alle Kinder kümmern. Die Patchwork-Familie löst so die unvollständige „Teilfamilie" ab und führt sie in die „Normalität" zurück. Der Wunsch ist, das Vergangene wiedergutzumachen und den Kindern eine intakte Familie zu bieten. Das nimmt auch das Schuldgefühl, unter dem viele Eltern leiden, wenn eine Familie zerbricht. Die neue Patchwork-Familie mit angestrebtem Kernfamiliencharakter soll daher auch die Funktion übernehmen, die Erinnerung an die zerstörte Vergangenheit möglichst schnell zu löschen und die entstandenen Wunden rasch heilen zu lassen. Leiden Kinder unter der Trennung vom biologischen Elternteil, wird dies kaum zugelassen, sondern alles daran gesetzt, die Lücke möglichst schnell durch das Patchwork-Konstrukt zu schließen. Nun sind neue Mütter und Väter da, die die Familie wieder komplett machen und allen Beteiligten ein glückliches Leben verheißen.

Dass die Tabuisierung im Zusammenwirken aller Familienmitglieder geschieht, wird häufig dadurch deutlich, dass zum Beispiel Kinder auf Wunsch der Erwachsenen den Patchwork-Elternteil mit „Mama“ oder „Papa“ anreden. Der neue Elternteil wird als Familienmitglied namentlich fest in den Verband integriert. So wird den Kindern ein stabiles und vollständiges Familienleben suggeriert und der Patchwork-Elternteil erhält eine klar definierte und umfassende Stellung in der Familie. Er übernimmt alle Aufgaben, die der biologische Elternteil nun aufgrund seiner Abwesenheit nicht mehr erfüllen kann.

Um den familiären Frieden nicht zu gefährden und niemanden zu beleidigen, akzeptieren zumindest jüngere Kinder oft widerspruchslos ein solches Familienkonstrukt. Dies kann nicht nur in Hinblick auf das Verhältnis zu den biologischen Elternteilen problematisch werden, sondern auch für den Bezug zu den Patchwork-Eltern, da Kinder in diesen oft eher einen väterlichen Freund oder eine mütterliche Freundin wahrnehmen und keinen Ersatz für ihren biologischen Elternteil sehen wollen. Dies kann dann sowohl bei Kindern als auch bei Patchwork-Eltern zu Enttäuschungen führen, wenn sich diese möglicherweise von den Kindern nicht wirklich angenommen und eingebunden fühlen. Schließlich möchten sie ein vollwertiges Mitglied der Familie sein und nicht am Rand der familiären Gemeinschaft als „Freund“ oder „Freundin“ existieren.

Einige Patchwork-Familien wählen das andere Extrem der Tabuisierung und bezeichnen sich erst gar nicht als Familie, sondern verwenden den Begriff „Wohngemeinschaft“ als Definition für ihr Zusammenleben. Sie verzichten von Anfang an auf die Vater- oder Mutteranrede und verwenden den Vornamen des Patchwork-Elternteils. Bewusst soll so in vielen Fällen auch nach außen eine gewisse Distanz signalisiert und Abstand von familiären Konstrukten gehalten werden.

Dies zeigt, dass es Tabuisierungsversuche in den verschiedensten Varianten gibt, wobei die radikalste die Adoption von Patchwork-Kindern darstellt. Mit diesem Rechtsakt soll die Familie den Status einer „normalen“ Kernfamilie gewinnen. Die eigentliche familiäre Struktur wird so auch rechtlich „korrigiert“ und die Andersartigkeit hinter einem künstlich geschaffenen Kontext versteckt. Die Patchwork-Familie vermeidet es, für sie passende Beziehungs- und Rollendefinitionen anzunehmen, indem sie die Realität leugnet. Trotz aller Verschleierungsversuche unterscheidet sich ihr Zusammenleben allerdings auch im Fall einer Adoption von jenem in einer ursprünglichen Kernfamilie. Auch adoptierte Patchwork-Brüder und -Schwestern sind nicht von Anfang an zusammen aufgewachsen und andere Regeln des Zusammenlebens gewohnt. Sie müssen sich in jedem Fall in ein neues, unvertrautes Familiengefüge einordnen, und auch Patchwork-Eltern kennen ihre Patchwork-Kinder nicht von Geburt an. Mitglieder einer Patchwork-Familie haben nun einmal unterschiedliche Vergangenheiten und Erfahrungen. Deshalb wird das Leben in einer Patchwork-Familie immer ein anderes sein als jenes in einer „normalen" Kernfamilie.

Für eine funktionstüchtige Patchwork-Familie ist es daher notwendig, ihr Patchwork-Familiendasein zu akzeptieren. Ein erfolgreiches Zusammenleben wird nur dann möglich sein, wenn von allen Familienmitgliedern eine angemessene und realistische Sichtweise auf die tatsächliche Struktur der bestehenden Familienkonstellation erfolgt.

Familienfeste

Familienfeste sind ganz besondere Ereignisse im Jahresverlauf. Entsprechend hoch ist das Potenzial für Konflikte, insbesondere aufgrund der großen Erwartungen. Alles soll perfekt sein. Da kann es hilfreich sein, sich der Vorstellungen und Erwartungen aller Familienmitglieder bereits im Vorfeld bewusst zu werden, um Enttäuschungen vermeiden zu können. Ein Treffen der Familie bietet den erforderlichen Rahmen, um sich zunächst über bisherige Erfahrungen mit Geburtstagen und anderen festlichen Anlässen auszutauschen und die eigenen Erwartungen zu kommunizieren. Alle Familienmitglieder können wichtige Informationen beitragen und gewinnen. Die Gestaltung besonderer Tage wird so von vornherein zu einem gemeinsamen Projekt.

Überlegen Sie zusammen im familiären Verband:

- Wie lassen sich die individuellen Erwartungen und Wünsche miteinander in Einklang bringen?
- Wer ist für die Planung zuständig?

- Wer für die Umsetzung?
- Wer macht wo wie mit – oder auch nicht?
- Wer ist nicht dabei? Kann dies zu Problemen führen?

Besonders deutlich wird das Konfliktpotenzial anlässlich des Weihnachtsfestes, denn Weihnachten ist in unseren Breiten das wichtigste Familienfest. Schon die klassische Kernfamilie gerät während der Weihnachtsfeiertage an ihre Belastungsgrenzen. Für Patchwork-Familien ist alles noch um einiges komplizierter. Es fällt schwer, Weihnachten mit allen in Einklang und Harmonie zu feiern. Streit, Enttäuschung, Eifersucht und Konkurrenzverhalten müssen bewältigt werden, um eine schöne Zeit miteinander zu verbringen.

So tritt die Frage auf, wer mit wem feiert? Die Patchwork-Familie miteinander, die ehemaligen Kernfamilien mit den biologischen Eltern und ihren Kindern, die gesamte erweiterte Familie der Patchwork-Familie ... Es gibt viele Möglichkeiten.

Auch wenn es sich Kinder noch so wünschen, rät es sich eher nicht an, dass die zerbrochene Kernfamilie wieder gemeinsam Weihnachten feiert. Dies würde nur ein falsches Bild suggerieren und in den Kindern falsche Hoffnungen einer möglichen Wiedervereinigung wecken. Auch könnte es die Patchwork-Eltern berechtigt vor den Kopf stoßen. Besser sind daher getrennte Weihnachtsfeste, eines bei der Familie der Mutter und eines bei jener des Vaters. Dazu können jeweils weitere Verwandte wie Großeltern, Onkel und Tanten eingeladen werden. Am ehesten empfiehlt es sich, die Weihnachtsfeiern an zwei Tagen abzuhalten, da die Kinder sonst überfordert sein könnten. Natürlich setzt dies viel Kompromissbereitschaft und Kooperationswillen unter den Erwachsenen voraus. So sollte schon Wochen vorher genau abgesprochen sein, wie der exakte terminliche Ablauf sein soll. Dann fällt es auch leichter, Streitereien zwischen den einzelnen Familien zu reduzieren.

Innerhalb der Patchwork-Familie soll unter Einbeziehung der (älteren) Kinder ebenfalls genau abgeklärt werden, wie alles von statten gehen soll. Alle haben natürlich ihre Vorstellungen, Erfahrungen und Erwartungen und wollen diese irgendwie erfüllt sehen. Es sollte besprochen werden, welche Traditionen es in den ehemaligen Kernfamilien gab, die von den Kindern beibehalten werden wollen. Oder gibt es solche, mit denen man ab jetzt lieber brechen möchte? Wissen die Patchwork-Eltern im Vorfeld, was sich die Kinder wünschen, ist dies auch leichter zu erfüllen.

Verena freut sich schon sehr auf Weihnachten mit ihrer Patchwork-Familie. Alle Kinder werden da sein, auch die von Moritz, ihrem Partner, die bei ihrer Mutter leben und sonst nur an den Wochenenden bei ihnen sind. Verena hat alles liebevoll vorbereitet. Der Baum ist dekoriert, sie hat viele Kekse gebacken und ein viergängiges Menü gekocht. Moritz, Verena und ihre Kinder sitzen im Wohnzimmer und warten auf seine beiden Söhne. Sie sollten um sieben Uhr da sein, nun ist es bereits kurz vor acht. Auf Telefonanrufe melden sie sich nicht. Da beschließt Moritz, seine Exfrau anzurufen. Diese erklärt ihm, dass die Kinder frühestens um neun bei ihnen sein würden, da das gemeinsame Weihnachtsfest mit ihrem neuen Mann und der Familie noch nicht zu Ende sei. Schließlich wolle man ja nicht unhöflich sein. Als Moritz Kinder dann gegen halb zehn bei der Familie ihres Vaters eintreffen, haben diese bereits gegessen und sind schon ziemlich müde. Verenas Laune verschlechtert sich zusehends, und als Moritz Kinder dann auch noch ihre Weihnachtsgeschenke bemängeln und mit den viel großzügigeren der mütterlichen Familie vergleichen, eskaliert die Situation.

TIPP! Lösen Sie sich von den eigenen Vorstellungen für das Fest und lassen Sie auch andere Vorschläge für die konkrete Gestaltung der Feiertage zu. Sind Sie in alle Richtungen hin kompromissbereit und zeigen Sie Verständnis für andere Wünsche. Bestehen Sie aber besonders bei den betroffenen Erwachsenen innerhalb und außerhalb Ihrer Familie auf klare Absprachen, von denen Sie erwarten können, dass sie auch von allen eingehalten werden. Dann steht frohen Weihnachten schon weitaus weniger im Wege.

Kritisch kann es auch bei Geschenken werden. Wenn Sie sich mit Ihrem Partner darauf verständigen können, allen eigenen und den Patchwork-Kindern Geschenke im ungefähr gleichen Wert zu übergeben, wäre dies natürlich ideal. Aber auch wenn, was ohnehin wahrscheinlicher ist, jeder von Ihnen die eigenen Kinder ein wenig großzügiger beschenkt, sollte dies kein Problem sein. Solange dies nicht so geschieht, dass es die anderen Kinder verletzt, ist dagegen überhaupt nichts einzuwenden.

Problematischer kann es da schon werden, wenn die Kinder von ihren jeweils anderen Elternteilen Geschenke bekommen, die vollkommen ungleich ausfallen. So feiern Sie etwa mit Ihrer neuen Patchwork-Familie Weihnachten und haben sich mit Ihrem Partner darauf geeinigt, gemeinsam allen Kindern etwa gleich viel zu schenken. Nun liegen aber auch Päckchen von der biologischen Mutter seiner Kinder und dem Vater Ihrer Kinder unter dem Christbaum oder die Kinder kommen von den Feierlichkeiten beim anderen Elternteil mit den dort erhaltenen Geschenken zu Ihnen nach Hause zurück. Die Mutter Ihrer Patchwork-Kinder arbeitet als Kellnerin und hat ein dementsprechend niedriges Einkommen. Ihre Geschenke sind daher recht bescheiden ausgefallen. Im Gegensatz dazu überhäuft Ihr Ex seine Kinder mit allem, was sich Jungen und Mädchen nur wünschen können. So ein Szenario kann zu großer Enttäuschung führen und das schönste Weihnachtsfest zerstören. Wenn Sie das Eintreten einer solchen Situation erahnen, führen Sie bzw. Ihr Partner mit den jeweiligen Kindern schon im Vorfeld ein vertrauliches Gespräch und ersuchen Sie sie, auch die Patchwork-Geschwister an ihren Geschenken teilhaben und mitspielen zu lassen. So stellen sie wenigstens ein friedliches Weihnachtsfest sicher.

So kann Ihr gemeinsames Leben diesmal gelingen

Haben Sie realistische Erwartungen an Ihre neue Partnerbeziehung

Zu Beginn einer Beziehung empfinden Sie Liebe für den anderen, und Ihre Gedanken bestehen aus positiven und liebevollen Eindrücken von Ihrem neuen Partner. Schattenseiten werden nicht wahrgenommen. Dieses Gefühl kann jedoch nicht für immer automatisch aufrechterhalten werden. Wenn Sie sich im Laufe der Beziehung hin und wieder vom Partner verletzt fühlen, werden diese Gefühle der Liebe temporär abkühlen, im schlimmsten Fall sogar jenen der Wut und des Zornes weichen. Dann ist es notwendig, an der Beziehung zu arbeiten, um möglichst bald wieder zueinander zu finden.

Gerade in Ihrem Fall ist es besonders wichtig, dass Sie sich ein realistisches Bild von Ihrer neuen Beziehung machen und von überhöhten Erwartungen und Ansprüchen abgehen. Das Leben in einer Patchwork-Familie folgt ihren eigenen Gesetzmäßigkeiten, das zur erfolgreichen Bewältigung viel Durchhaltevermögen, Kompromissbereitschaft und Flexibilität erfordert. Dass dies auch Auswirkungen auf Ihre Paarbeziehung hat, müssen sich Sie und Ihr Partner stets vor Augen halten. Versuchen Sie, Ihre Ziele, Hoffnungen und Wünsche mit denen Ihres neuen Partners abzustimmen und weitgehend in Einklang zu bringen. Damit kann sichergestellt werden, dass sich beide Partner verstanden und angenommen fühlen und Zurückweisungs- und Entfremdungsgefühle gar nicht erst auftreten.

Kein Mensch ist unfehlbar, und die Erwartungen an eine neue glückliche Partnerschaft sind daher auch entsprechend zu gestalten. Es ist notwendig, dass Sie sich beide immer wieder neu adaptieren und erneut arrangieren. Dazu sind Kommunikation, Einfühlungsvermögen und Empathie von großer Bedeutung. Der andere muss geachtet und wertgeschätzt werden. Die Wünsche und Bedürfnisse des Partners sind zu respektieren. Man darf dabei aber auch nicht sich selbst und die eigenen Ansprüche vergessen. Daher ist es notwendig, sich ständig mit dem Partner auszutauschen. Lassen Sie solche Gespräche immer in einer netten Atmosphäre und in einem angemessenen Ton stattfinden. Kritisieren Sie nicht, nörgeln Sie nicht und fordern Sie nicht, sondern äußern Sie möglichst sachlich und in netter Weise Ihre Wünsche und Anliegen. Auch wenn Ihr Partner Sie noch so liebt, kann er nicht Gedanken lesen. Sie müssen ihm vermitteln, was Sie sich vorstellen und erwarten. Nur wenn Sie Ihre Bedürfnisse klar artikulieren, kann Ihr Partner auch darauf reagieren, und nur das stellt sicher, dass Sie zusammen glücklich bleiben können. Sind sich Wünsche und Erwartungen beider ähnlich, ist es natürlich einfacher, eine gelungene Partnerschaft zu führen, als wenn es immer wieder zu einem Aushandeln von Kompromissen und einem wechselseitigen Nachgeben kommen muss, damit beide einen gewissen Grad an Zufriedenheit erreichen.

Generell müssen beide Partner ihre wichtigsten Bedürfnisse in der Beziehung im Großen und Ganzen erfüllt sehen. Schränken Sie Ihren Partner nicht ein, sondern unterstützen Sie ihn bei der Verwirklichung seiner Ziele und Träume. Durch Verbote und besitzergreifendes Verhalten werden Sie ihn nicht an sich binden, sondern von sich wegtreiben. Wichtig ist es daher, darauf zu achten, dass man in der neuen Beziehung beiden Raum gibt, sich zu entwickeln und zu entfalten. Nur dann werden sich beide Partner wohlfühlen und an einer Fortsetzung der Beziehung interessiert sein. Liebe kann ohnehin nicht erzwungen werden. Man muss selbst dazu bereit sein, Liebe für einen anderen Menschen zu empfinden, und das Glück haben, dass dies auch der Partner tut.

Der Umgang mit Konflikten

Konflikte sind Teil jeder Beziehung. Zwei komplett unterschiedliche Menschen mit individuellen Biografien und im Anhang deren Familien treffen aufeinander. Deswegen ist es selbstverständlich, dass nicht immer die perfekte Harmonie herrschen kann. Ein Leben ohne Auseinandersetzungen wird es nur dann geben, wenn sich einer der Partner bereits aus der Beziehung verabschiedet hat oder alles so lange wegsteckt und mit seiner Unzufriedenheit lebt, bis er eines Tages endgültige Konsequenzen zieht. Daher ist es entscheidend, wie man mit Konflikten umgeht. Ein ständiges Unterdrücken führt keineswegs zu deren Lösung, sondern nur dazu, dass die Beziehung destabilisiert wird. So gewinnen Konflikte an Stärke und wechselseitige Ressentiments werden aufgebaut. Dies erschwert die Konfliktlösung immer weiter. Es geht oft nicht einmal so sehr um den Inhalt der Konflikte, sondern mehr um die Art und Weise ihrer Lösung. Wird geschwiegen, resigniert oder der Rückzug angetreten, führt dies genauso wenig zu deren Bewältigung wie ein wechselseitiges Anschreien und Schuldzuweisen. Man muss lernen, mit dem Verhalten des Partners konstruktiv umzugehen und immer wieder Kompromisse auszuhandeln, die für beide akzeptabel sind. Denn nur so kann eine nachhaltige Stabilisierung Ihrer neuen Liebe erzielt werden.

Versuchen Sie nicht, Ihren Partner zu verändern

Niemals kann man von seinem Partner verlangen, dass er sich für einen selbst ändert. Dies kann er nur aus freien Stücken tun. Man muss sich von dem Gedanken verabschieden, seinen Partner nach den eigenen Vorstellungen formen zu können. Das wird immer schief gehen, da sich im Partner Widerstand aufbauen und er sich irgendwann einmal vielleicht zur Trennung entschließen wird. Nehmen Sie daher Abstand von etwaigen Änderungsversuchen. Diese Erkenntnis darf nicht zu einer Ernüchterung führen, sondern zu vielen positiven und konstruktiven Gesprächen.

Suchen Sie keinen Ersatz für Ihre verlorene Familie

Eine neue Liebe einzugehen ist nur dann Erfolg versprechend, wenn Sie den Ex-Partner wirklich loslassen konnten und mit sich selbst wieder ganz im Reinen sind. Sonst wird es nicht gelingen, dem neuen Menschen in Ihrem Leben ehrliche Gefühle entgegenzubringen. Denn nur eine Ersatzfamilie und einen Ersatzpartner für jenen zu suchen, mit dem Ihre Beziehung gescheitert ist, wäre ungerecht und respektlos. Zudem ist es dann auch bis zur nächsten Trennung nicht mehr weit. Denn entweder wird Ihr neuer Partner sehr schnell spüren, dass er für Ihr altes Lebensmodell nur „eingesprungen“ ist und nicht um seiner selbst willen geliebt wird, und sich berechtigt von Ihnen abwenden, oder Sie werden nicht die Offenheit und Bereitschaft haben, eine ehrliche neue Liebe zu leben. In jedem Fall wird es wieder zu Verletzungen und Zurückweisungen kommen.

Auch wenn die Trennung oder Scheidung noch so schlimm war und Sie den Verlust Ihrer alten Familie mit dem Ex noch so bedauern, all das ist Vergangenheit. Wenn Sie in Ihrer neuen Beziehung ständig über Ihr altes Leben sprechen und Ihren neuen Partner damit belasten, wird dies auch keine Voraussetzung für eine glückliche Beziehung sein. Teilen Sie mit ihm lieber Ihre Träume für die Zukunft. Schließlich ist er ja ein Teil davon.

Grenzen Sie Ihren Partner nicht aus

Es ist wichtig, Ihrem neuen Partner von Anfang an das Gefühl zu geben, dazuzugehören. Gemeinsame Allianzen mit Ihren Kindern gegen ihn zu bilden, kann nur zu Missmut seinerseits führen. Kritisieren Sie ihn nicht ständig, ergreifen Sie nicht immer Partei für Ihre Kinder und unterminieren Sie nicht seine Position in der Familie. Erkennen Sie stattdessen seine Bemühungen an. Ansonsten droht, dass er beginnt, seine Stellung in der neuen Familie ebenso zu hinterfragen wie seine Rolle als Lebenspartner in der Beziehung. Da er ja ohnehin nur eine Position am Rand der Familie bekleidet, zieht er sich immer mehr zurück. Das kann ein Scheitern der Patchwork-Familie begünstigen. Schließen Sie ihn daher nicht aus, sondern nehmen Sie ihn gemeinsam mit Ihren Kindern in Ihre familiäre Einheit auf. Das kann natürlich nicht von heute auf morgen geschehen. So etwas braucht Zeit. Wie lange, hängt auch davon ab, wie sehr Ihre Kinder noch immer die „alte“ Familie mit ihrem biologischen Vater vermissen, wie lange Sie mit ihnen zuvor alleine gelebt haben und ob Ihre Kinder den neuen Mann auch mögen und von Anfang an als Ihren neuen Partner angenommen haben.

Sprechen Sie miteinander – Kommunikation ist alles

Patchwork-Familien sind in vieler Hinsicht krisenanfälliger als Kernfamilien, was bei der Bewältigung des gemeinsamen Lebens zusätzliche Hürden bedeuten kann. Im Gegensatz zu Kernfamilien haben alle Betroffenen in Patchwork-Familien Verluste zu bewältigen – die Patchwork-Eltern den ehemaligen Partner und die Kinder den Vater oder die Mutter, mit denen sie nun nicht mehr ständig zusammenleben und die in ihrem Leben nicht mehr täglich verfügbar sind.

Dies kann im Falle einer neuen Partnerschaft zweierlei zur Folge haben. Einerseits könnte die Angst vor einem neuerlichen Scheitern überwiegen und alles daran gesetzt werden, dass es diesmal funktioniert. Sämtliche Störquellen werden im Ansatz erstickt, man stellt sich keinen offenen Konfrontationen und riskiert damit, dass Konflikte im Untergrund schwelen und irgendwann einmal ganz massiv aufbrechen. Andererseits kann auch der Fall eintreten, dass die neue Patchwork-Familie nun alles anders und besser machen möchte. Dazu wird jedes Ereignis thematisiert, diskutiert und evaluiert. Dies kostet Energien und Nerven und schadet manchmal mehr, als es nützt.

Ideal ist ein Mittelweg, bei dem Probleme angesprochen, aber auch gewisse Bereiche einfach akzeptiert werden, ohne dass alles bis ins letzte Detail erörtert wird. Offene Kommunikation benötigt einen entscheidenden Stellenwert in Ihrer Familie. Wichtig ist dabei, dass sich alle Mitglieder einer Patchwork-Familie regelmäßig über ihre Gefühle, Ängste und Sorgen austauschen. Oft weiß man voneinander nicht, was die anderen bedrückt. Dies führt zu Fehlinterpretationen und Missverständnissen, die leicht vermieden werden könnten. Suchen Sie daher in regelmäßigen Abständen das Gespräch mit Ihrem Partner, dessen Kindern, aber auch Ihren eigenen, um abzuklären, welche Probleme es zu lösen gibt, und um etwaige fehlgeleitete Wahrnehmungen möglichst früh zu klären.

Akzeptieren Sie seine Kinder

Unterstützen Sie einander bei den Betreuungstätigkeiten für Ihre Kinder. Übernehmen Sie beide Verantwortung und stehen Sie sich auch bei Erziehungsfragen mit Rat zur Seite. Auch wenn Sie die Besuchswochenenden seiner Kinder noch so stören, werden sie stattfinden. Streben Sie danach, ein für alle akzeptables Prozedere für solche Tage auszuhandeln. Verlangen Sie von Ihrem Mann niemals, sich zwischen Ihnen und seinen Kindern zu entscheiden. Mit ziemlicher Sicherheit wird er sich nämlich zu den Kindern bekennen. Denken Sie immer daran, dass Sie sich bewusst auf einen Mann einließen, der schon eine Vorgeschichte hat. Sie müssen sicher nicht alles hinnehmen und haben ein Recht auf ein glückliches Leben mit ihm. Aber dieses Leben beinhaltet eben auch seine Kinder aus einer früheren Beziehung. Versuchen Sie, das Beste daraus zu machen.

Akzeptieren Sie die biologischen Eltern der Kinder als Bestandteil Ihres Lebens in der Patchwork-Familie

Akzeptieren Sie, dass weder die Ex Ihres Partners noch Ihr eigener Exmann aus dem Leben Ihrer Patchwork-Familie verschwinden werden. Sie sind die anderen biologischen Elternteile der Kinder und behalten ihren Platz als Mutter und Vater. Weder Sie noch Ihr neuer Partner sind Ersatz für die biologischen Eltern, sondern sollten als Freund/in und väterlicher/mütterliche Vertraute/r der Kinder agieren. Akzeptieren Sie beide, dass Ihnen genau diese Rolle und keine andere zukommt. Der Vater und die Mutter der Kinder sind nun einmal andere. Vieles wird einfacher, wenn Sie die biologischen Eltern der Kinder am Rande in das Leben Ihrer Patchwork-Familie miteinbinden könnten und jede Form von Animositäten, Konkurrenz, Ablehnung oder Abwertung – von welcher Seite auch immer – unterbinden bzw. unterlassen.

Suchen Sie gemeinsam Ihrer beider Platz in der neuen Familie

Kommen Sie als Patchwork-Mutter mit oder ohne eigene Kinder in eine neue Familie, bedeutet dies ebenfalls eine gewaltige Umstellung. Bitten Sie Ihren Partner, Sie dabei zu unterstützen und Ihren Platz in dieser neuen Familie zu finden. Besprechen Sie mit ihm, welche Rolle Sie übernehmen sollen. Bleibt die hauptsächliche Erziehungsverantwortung für seine Kinder bei ihm oder üben Sie diese gemeinsam aus? Wie werden die Besuchstage der Kinder gestaltet? Wie wird die Beziehung zur biologischen Mutter gestaltet und wie werden deren Erziehungsvorstellungen mit den Ihren in Einklang gebracht? Ebenso sollten Sie Ihrem Partner bei der Suche nach seinem Platz in Ihrer neuen gemeinsamen Familie unterstützen.

Nehmen Sie sich Zeit für sich selbst

Das Leben in einer Patchwork-Familie ist sehr anstrengend. Sie haben vermutlich oft das Gefühl, nicht allen Ansprüchen und Bedürfnissen Ihrer Familie gerecht werden zu können. Dann stecken Sie bei Ihren Erwartungen an sich selbst zurück und nehmen Sie sich auch Zeit für sich selbst. Sie geben ohnehin Ihr Bestes!

Lassen Sie sich auf Ihr neues Leben ein

Auch wenn Sie eine starke Frau sind, die ihr Leben und das ihrer Kinder seit Jahren erfolgreich meistert, müssen auch Sie wieder lernen, dass eine erfolgreiche Partnerschaft Kompromisse erfordert. Es kann nicht alles nach Ihrem Willen gehen, auch Ihr neuer Partner hat Wünsche und Bedürfnisse, die er nicht immer Ihren Interessen unterordnen möchte. Selbst wenn sich Ihr familiäres Gefüge in der Vergangenheit bestens bewährt hat und Sie gelernt haben, alles ohne Mann zu schaffen, leben Sie nun eben wieder in einer festen Beziehung, die ihre eigenen Regeln und Strukturen einfordert, wenn sie gelingen soll. Versuchen Sie beide gemeinsam und engagiert an einem glücklichen Leben in Ihrer Patchwork-Familie zu arbeiten.

Was macht eine Beziehung glücklich?

Eine glückliche Beziehung bedeutet keineswegs ständige Gemeinsamkeit. Die Überlegung, dass der Partner in derselben Art und Weise denken, handeln und fühlen muss, wie man es selbst tut, da er sonst keine wahre Liebe empfindet, ist falsch. Beide müssen als unabhängige Individuen wachsen und auf diese Weise zueinander finden. Auch in der besten Beziehung gibt es hin und wieder Probleme und Schwierigkeiten. Es ist daher notwendig, gemeinsam Probleme anzugehen und zu versuchen, sie zu lösen.

Liebe ist kein Besitz, sondern eine Aktivität und ein Gefühl, an dem man ständig arbeiten muss. Um die Liebe zu erhalten, ist es erforderlich, im täglichen Leben Empathie und Mitgefühl zu haben, dem Partner gegenüber Freundschaft zu beweisen, flexibel zu sein, Kompromisse einzugehen und Respekt für einander zu empfinden. Das Leben hat positive und negative Phasen. Sind Sie bereit, auch das Unerwartete und Nichtverdiente anzunehmen, zu bewältigen und letztendlich nach einem Reifungs- und Lernprozess in positive Energien umzuwandeln. Das wird Sie letztendlich zu einem glücklicheren Menschen machen.

Wie steht es um Ihre Beziehung? Checkliste

Nehmen Sie sich Zeit und beantworten Sie die nachfolgenden Fragen.

Sehen Sie sich Ihre Antworten an und überlegen Sie, wie es um Ihre Beziehung steht und ob es Möglichkeiten gibt, wie Sie diese verbessern könnten. Schreiben Sie Ihre Gedanken auf und lesen Sie sich Ihre Überlegungen nach einigen Tagen nochmals durch. Sprechen Sie auch mit Ihrem Partner darüber und versuchen Sie, gemeinsame Lösungswege zu finden.

Haben Sie gemeinsame Ziele?

Wie viel Zeit investieren
Sie in Ihre Beziehung?
Ist Ihnen das zu
wenig? Wie wäre eine
bessere Verteilung der
Zeitressourcen möglich?

Finden Sie in
Streitfragen
Kompromisse,
mit denen Sie
beide leben
können?

Fühlen Sie
sich von
Ihrem Partner
verstanden?

Fühlen Sie
sich von Ihrem
Partner geliebt?

Sind offene
Gespräche mit
ihm möglich?
Wenn nein,
was würde dies
erleichtern?

Sind Sie zufrieden mit der Rollenverteilung in Ihrer Familie? Wenn nein, welches sind Punkte, die Sie stören?

Haben Sie ähnliche Vorstellungen zum Thema Geld? Wenn nein, was würden Sie gerne verändern?

Wie treffen Sie wichtige Entscheidungen? Sind Sie mit der Art und Weise, wie Sie es tun, zufrieden? Was würden Sie diesbezüglich gerne verändern?

Fühlen Sie sich von Ihrem Partner wertgeschätzt?

Sind Sie mit Ihrem Leben zufrieden?

Schlussbemerkungen

Familien unterliegen seit mehreren Jahren einem tiefgreifenden Veränderungsprozess. Durch die gehäufte Zahl von Scheidungen und Trennungen kommt es zur Bildung neuer familiärer Systeme. Dabei gibt es viele unterschiedliche Formen von solchen Patchwork-Familien. Bringt die Frau ihre Kinder in die neue Beziehung mit, tut dies der Mann oder machen es beide? Haben die neuen Partner auch noch gemeinsame Kinder? Welche Kinder leben nun ständig in der Patchwork-Familie, welche kommen nur zu Besuch? Es macht natürlich einen Unterschied, wie sich die Patchwork-Familie zusammensetzt, viele der Besonderheiten, Eigenarten, Prozesse und auch Problembereiche dieser Familienform finden sich aber bei allen in ähnlicher Form.

Auf dem Weg zu einer glücklichen, funktionstüchtigen Patchwork-Familie lauern viele Stolpersteine. Beide Partner und deren Kinder haben bis zu diesem Zeitpunkt in einem anderen Familiensystem gelebt, in dem spezielle Regeln, Verhaltensnormen, wechselseitige Erwartungen und Lebensformen vorherrschten. Nun treffen diese unterschiedlichen Systeme aufeinander und sollen mit einem Mal eine Einheit bilden, die wiederum ihre eigenen Gesetzmäßigkeiten und Vorgaben hat. Dies ist natürlich sehr schwierig und voller Konfliktpotenzial. Oft scheint so gar nichts zusammenzupassen. Das führt zu Spannungen und erfordert viel Gesprächsbereitschaft, Toleranz, Kooperation und Konfliktfähigkeit von allen Beteiligten, wenn das Projekt der neuen Familie nicht zum Scheitern verurteilt sein soll.

Wichtig ist es, dass sich alle Mitglieder einer Patchwork-Familie regelmäßig über ihre Gefühle, Ängste und Sorgen austauschen. Oft weiß man voneinander nicht, was den anderen bedrückt. Dies führt schnell zu Fehlinterpretationen und Missverständnissen, die leicht vermieden werden könnten, wenn man sich in regelmäßigen Abständen über die wechselseitigen Bedürfnisse und Erwartungen verständigt.

Die Konsolidierung einer Patchwork-Familie dauert in der Regel fünf bis sieben Jahre. Dies ist ein sehr langer Zeitraum. Es darf dabei allerdings nicht vergessen werden, dass viele verschiedene Akteure beteiligt sind, die ganz unterschiedliche

Interessen haben. Erst wenn alle Familienmitglieder ihren Platz im neuen Gefüge gefunden haben und die Dynamik stimmig sind, ist ein glückliches Leben in der Patchwork-Familie garantiert.

Literatur

Bethke-Brenken, Inga/Brenken, Günter (2011): Mut zur Patchwork-Familie. So gelingt das neue Miteinander. München: Ernst Reinhardt.

Bickel, Johannes/Kathollnig, Christoph (2015): http://www.rechteinfach.at/familienrecht/ (15.10.2016).

Bliersbach, Gerhard (2007): Leben in Patchwork-Familien. Halbschwestern, Stiefväter und wer sonst noch dazugehört. Gießen: Psychosozial-Verlag.

Britt, Inge (1985): Allein erziehen. Ein Ratgeber für alleinerziehende Mütter und Väter. München: Droemersche Verlagsanstalt.

Bopp, Annette/Nolte-Schefold, Sigrid (1999): Stiefkinder Rabeneltern Rabenkinder Stiefeltern. Leben in einer Patchworkfamilie: Probleme erkennen, Perspektiven gewinnen. Reinbeck: Rowohlt.

Demirci, Maria (1987): Meine Kinder, deine Kinder, unsere Kinder. Sorge, Umgang, Unterhalt. München: Beck.

Döring, Dorothee (2010): Familienglück im zweiten Anlauf. Chancen und Risiken einer Patchwork-Familie. Weilersbach: Reichel.

Eipeltauer, Stefan (2006): Patchworkfamilien - Was ist das genau? In: http://www.kindaktuell.at/schule-co/patchworkfamilien-was-ist-das-genau.html (19.10.2016).

Figdor, Helmuth (2004): Kinder aus geschiedenen Ehen. Zwischen Trauma und Hoffnung. Wie Kinder und Eltern die Trennung erleben. Gießen: Psychosozial-Verlag.

Figdor, Helmuth (2005): Scheidungskinder – Wege der Hilfe. Gießen: Psychosozial-Verlag.

Frei, Karin (2005): Gute böse Stiefmutter. Sieben Porträts und ein Leitfaden. Zürich: Limmat.

Friedl, Ingrid/Maier-Aichen, Regine (1991): Leben in Stieffamilien. Familiendynamik und Alltagsbewältigung in neuen Familienkonstellationen. Weinheim/München: Juventa.

Früh-Naumann, Doris (2013): Im Schatten der Ersten. Wie Partnerschaft mit einem geschiedenen Mann gelingen kann. München: mvg.

Giesecke, Hermann (1987): Die Zweitfamilie. Leben mit Stiefkindern und Stiefvätern. Stuttgart: Klett-Cotta.

Glaschke, Stefanie (2012): Unsere Patchwork-Familie. Hilfestellung für ein stressfreies Zusammenleben. Freiburg im Breisgau: Urania.

Grünewald, Katharina (2015): Glückliche Stiefmutter. Geht's mir gut, geht's allen gut. Freiburg/Breisgau: Kreuz.

Juul, Jesper (2011): Aus Stiefeltern werden Bonuseltern. Chancen und Herausforderungen für Patchwork-Familien. München: Kösel.

Krähenbühl, Verena/Jellouschek, Hans/Kohaus-Jellouschek, Margarethe/ Weber, Roland (2011): Stieffamilien. Struktur –Entwicklung –Therapie. Freiburg/ Breisgau: Lambertus.

Langner, Vera-Maria (1996): Die etwas andere Familie. Über das Zusammenleben von Stiefeltern und Stiefkindern. München: Wilhelm Goldmann.

Largo, Remo / Czernin, Monika (2003): Glückliche Scheidungskinder. Trennungen und wie Kinder damit fertig werden. Berlin: Piper.

Leuthner, Roman/Golubtsova, Mila (2007): Deine Kinder- meine Kinder. Wie Patchwork-Familien eine stabile Gemeinschaft werden. Gütersloh: Gütersloher Verlagshaus.

Ley, Katharina (2005): Wenn sich eine neue Familie findet – Ressourcen und Konflikte in Patchwork- und Fortsetzungsfamilien. In: Praxis der Kinderpsychologie und Kinderpsychiatrie, 10, 802-816.

Müller-Schlotmann, Richard (1997): Die Beziehung zwischen Stiefkindern und Stiefeltern als Folgebeziehung. In: Zeitschrift für Familienforschung, 2, 69-83.

Ochs, Matthias/Orban, Rainer. (2011): Familie geht auch anders. Wie Alleinerziehende, Scheidungskinder und Patchworkfamilien glücklich werden. Heidelberg: Carl Auer.

Petermann, Susanne (2015): „Du hast mir gar nichts zu sagen!" Stiefmutter sein ist nichts für Feiglinge. München: Diana.

Picher, Margit (2008): Was heißt schon Idealfamilie?. In: http://www.patchworkfamilien.at/themen/themendetail.php?artid=58&menuid=3&submenui d= (19.10.2016).

Schumann-Gliwitzki, Birgitta/Meier, Salwa (1990): Schwierigkeiten und Chancen von Stieffamilien. Eine qualitative Erforschung der spezifischen Familienrealität. Berlin: Spiess.

http://www.statistik.at/web_de/statistiken/bevoelkerung/haushalte_familien_lebensformen/familien/ (15.10.2016).

Unverzagt, Gerlinde (2002): Patchwork. Familienform mit Zukunft. München: Deutscher Taschenbuch Verlag.

Visher, Emily/Visher, John (1995): Stiefeltern, Stiefkinder und ihre Familien. Probleme und Chancen. Weinheim: Psychologie-Verlag-Union.